国家出版基金项目
NATIONAL PUBLICATION FOUNDATION

[日]有高岩◎著
黄現璠◎譯

元代農民之生活

山西出版傳媒集團
山西人民出版社

圖書在版編目(CIP)數據

元代農民之生活 / [日] 有高岩著；黄現璠譯. —
太原：山西人民出版社，2015.12(2024.2重印)
(近代海外漢學名著叢刊 / 鄭培凱主編)
ISBN 978-7-203-09368-8

Ⅰ. ①元… Ⅱ. ①有… ②黄… Ⅲ. ①農民－研
究－中國－元代 Ⅳ. ①D693.71

中國版本圖書館CIP數據核字(2015)第276310號

元代農民之生活

叢刊主編　鄭培凱
著　　者　[日] 有高岩
譯　　者　黄現璠
責任編輯　張　潔

出 版 者　山西出版傳媒集團·山西人民出版社
地　　址　太原市建設南路21號
郵　　編　030012
發行營銷　0351－4922220　4955996　4956039
　　　　　0351－4922127(傳真)
天猫官網　https://sxrmcbs.tmall.com　0351－4922159(電話)
E－mail　sxskcb@163.com　發行部
　　　　　sxskcb@126.com　總編室
網　　址　www.sxskcb.com

經 銷 者　山西出版傳媒集團·山西人民出版社
承 印 廠　山西出版傳媒集團·山西新華印業有限公司

開　　本　700mm×970mm　1/16
印　　張　11
字　　數　76千字
版　　次　2015年12月　第一版
印　　次　2024年2月　第二次印刷
書　　號　ISBN 978-7-203-09368-8
定　　價　55.00圓

近代海外漢學名著叢刊編委會名單

出版説明

近代海外漢學名著叢刊選取一九四九年以後未再刊行之近代海外漢學作品，編例如次：

一、本叢書遴選之作品在相關學術領域具有一定的代表性，在學術研究方嚮、方法上獨具特色。

二、爲避免重新排印時出錯，本叢書原本原貌影印出版。影印之底本皆經專家組審定，原書字體大小、排版格式均未做大的改變。

三、爲使叢書體例一致，本叢書前言、後記均采用繁體字排版。

四、個別頁碼較少的版本，爲方便裝幀和閱讀，進行了合訂。

五、少數作品有個別破損之處，編者以不改變版本内容爲前提，部分進行修補，難以修復之處保留缺損原狀。

六、原版書中個別錯訛之處，皆照原樣影印，未做修改。

由於叢書規模較大，不足之處，在所難免，殷切期待方家指正。

總序／温故而知新

晚清以來，西力東漸，西方文化思想的著作也大量譯成中文，最著名的如嚴復與林紓的譯著，影響了整個二十世紀中國的知識界與文學界，使得中國文化的思維脈絡爲之丕變。除了西方思想經典、文學與實證科學著作的翻譯，以實證方法系統化探討中國文史的域外漢學，也對中國學術思想界産生了莫大衝擊，改變了中國學術的著述方法與取嚮。

中國傳統的知識結構，是按經史子集四庫分類的，以儒家意識形態的經學爲文化知識的砥柱，以史學爲貫串歷史經驗的殷鑒，至於子部與集部，則是作爲保存文獻、擴大知識面的附帶知識，可以耽情冥想，可以悠遊玩賞，却都是邊緣化的知識，無關聖教的弘揚，無關文化精髓的宏旨。西方文藝復興之後的現代學術體系，在知識分類上，與中國傳統大相徑庭，講究系統分科，不同知識領域各有其客觀存在的價值，有其相對獨立的目的與標準。日本知識界在明治維新以來，鑒於東方文明落後於西方的船堅炮利，率先效法西方，在追求「文明開化」、「脱亞入歐」的過程中，爲日本學術發展循着現代西方的體例，建立了哲學、文學、歷史學、經濟學、法學、商學、物理學、化學、地質學、醫學、農學、工程學、植物學、動物學等新型學科，企圖與西方學術齊頭並進，從而影響了中國近代學術體系的發展。

本叢刊選印二十世紀上半葉出版的漢學譯著近百冊，分爲三大類：「歷史文化與社會經濟」、「古典文獻與語言文字」、「中外交通與邊疆史」，反映民國時期學術界重視西方及日本漢學研究的成果，藉助他山之石，重新審視中國傳統歷史文化的意義，特別是開拓了傳統學術忽略的領域。五四新文化運動以來，中國學者如蔡元培、胡適都提倡「整理國故」，以理性實證的方法，對中國文化傳統做出系統化的研究，是與這些漢學譯著相輔相成的。這些譯著除了介紹域外漢學的成果，還引進了嶄新的學術研究方法與視角，有助於梳理中國文化傳統的脈絡，重新整合知識結構與學術體系。雖然這些學術著作不是中國學者的成就，無法納入二十世紀中國文史學術的主脈，但是從中文譯本的影響而言，起碼也應當視爲中國近代學術發展的支脈或潛流，不容忽視。可惜的是，到了二十世紀下半葉，因爲兩岸政治形勢的變化，這些漢學譯著，除了部分因王雲五重新入主臺灣商務印書館，而得以在臺灣做了少量的重印，在大陸的出版界，則完全受到遺忘，甚至在許多新成立的大學圖書館中也不見踪影。我們搜集了近百冊塵封的漢學譯著，呈現給二十一世紀的中國學術界，一方面是爲了銘記前人爲推展學術而做出的努力，另一方面也是爲了提醒新常態時期的學人，學術發展有其歷史累積的脈絡，可以從中汲取歷史經驗，温故而知新。

說到「温故知新」與這批早期漢學譯著的關係，可以從兩個方面來思考，以見翻譯域外漢學如何反映了時代精神，爲融匯東西方學術思維，重新闡釋中國文化傳承，做出不可磨滅的貢獻。一是域外漢學的研究對象，以中國歷史文化典籍爲主，屬於中西文化碰撞期間興起的「國學」範疇，與五四新文化人物提倡的「整理國故」運動若合符節。研究中國歷史文化，並賦予新的學術意義，是清末民初知識精英念兹在兹的心結。歷史發展走到一個環節，時代的狂風揚起了批判傳統的大旗，風中的英雄幫着推波助瀾，却又無時或忘自己民族文化主體的未來，糾纏於「傳統」能否「現代」的困境。域外漢學的出現，以西方實證方法研究中國歷史文化傳統，綜合東西方各種語言文字材料，擴大了研究國學的眼界，即使無法打開中國文化傳統是否走到盡頭的心結，至少是提供了一個解惑的方嚮，在大霧彌漫的夜晚，看到了依稀渺茫的星光。

二是翻譯域外漢學，有一種以子之矛攻子之盾的吊詭作用，逐漸化解了中國文化思維中的自大心理與封閉心態，讓唯我獨尊的國粹基本教義派解除武裝到牙齒的盔甲，轉而吸收並接受西方實證研究的學風。民國期間新式教育制度的推行、學術體系的變化、大學學術專業的創建，具體到北京大學國學門的成立，中央研究院規劃歷史、語言、考古的研究領域，都與翻譯域外漢學背後的旨意是息息相關的。因此，重新閲覽這批民國期間的漢學譯著，對二十一世紀的現代學人來説，温故而知新，不但可以窺知民國學人追求新知的心理狀態，也會刺激吾人反思，認真思考學術研究方法與中國學術發展的前景，更進一步，探索文化傳統的重新闡釋與新知介入的關係。知識體系的變化當然與傳統的重新闡釋有關，是外爍的影響大呢，還是内因變化的成分居多？

論語·爲政記載孔子説：「温故而知新，可以爲師矣。」歷代解經，對這個「爲師」的道理，有兩種相近似但又取嚮不同的解釋。朱熹四書集注説：「故者，舊所聞。新者，今所得。言學能時習舊聞而每有新得，則所學在我而其應不窮，故可以爲人師。若夫記問之學，則無得於心而所知有限，故學記譏其不足以爲人師，正與此意互相發也。」雖然朱熹把知識分爲「舊所聞」與「新所得」，强調的却是「學而時習之」，從中生發新的心得，也就是從詮釋舊典中得到新知。這個説法與朱熹在鵝湖之會以後，作詩唱和，寫給陸九淵的詩句，「舊學商量加邃密，新知涵養轉深沉」，异曲同工，是一個意思，萬變不離其宗，舊學與新知是同一個脈絡的知識學理。

然而，有些朱熹之前的經學家，解釋「温故知新」，却有不同的取嚮。皇侃論語義疏就説：「故，謂所學已得之事也。所學已得者則温尋之不使忘失，此是月無忘其所能也。新，謂即時所學新得者也。知新，謂日知其所亡也。若學能日知所亡，月無忘所能，此乃可爲人師也。」皇侃明確說到，「故」指的是過去所學的知識，而「新」則指的是新近學到的知識，新舊結合，相互發明，就可以「爲人師」了。邢昺論語注疏循着皇侃的思路，也說：「言舊所學得者，温尋使不忘，是温故也。素所未知，學使知之，是知新也。既温尋故者，又知新者，則可以爲人師也。」這裏講的「素所未知」，就不衹是研讀舊學，有了新的體會，從過去的傳統中發展出的「新知」，而是從來没聽過、没想過的新學問了。這種「素所未知」的新學問，結合「舊所聞」，對習以爲常的知識框架，就會産生巨大的衝擊，而出現飛躍性的結構變化。知識内容或許大體沿襲傳統，知識結構却得以重新整合，出現嶄新的認知系統，重新審視自己文化傳統的意義，打開文化傳承的新局面。二十世紀上半葉的漢學譯作，就發揮了這樣的作用，促使中國學者放棄自我中心的文化態度，從各種不同側面，探知中國歷史文化的光譜，以域外（或是全球）的角度觀測中國傳統，摇動了文化的萬花筒，看到七彩繽紛的中國。

嚴復在甲午戰爭之後，改良變法思想風起雲涌之時，開始大量翻譯西方思想經典著作，是有感於國人（特別是傳統文化孕育的知識精英）思維系統封閉，企圖介紹實證新知，引進邏輯思維的方法，以破除儒學之道「一以貫之」與「放之四海而皆準」的虛妄。他翻譯天演論，在序文中提到，有人歸納東西方學術思想，認爲中國文化重精神，是形而上之學，立意高超，而西方文化重物質，是形而下之學，衹追求功利的回報。他認爲，這種自以爲是的蒙昧態度，陷入傳統舊學的框囿而不自知，没有自我反思的能力，無法吸收「素所未知」的新知識，也就無法開展並弘揚自己的文化傳統。嚴復非常清楚他翻譯西方經典的目的，是爲了介紹新知，打破中國傳統思維的封閉性，但是，作爲披荆斬棘的拓荒人，他深知思想封閉者的頑固心理，必須因勢利導，以免遭到盲目衛道之士的攻訐。嚴復有其防身的策略，不會像許褚戰馬超那樣赤膊上陣，而是以桐城文章譯述赫胥黎、斯賓塞、穆勒、亞當·斯密、孟德斯鳩，博得晚清知識精英的贊許，文章深閎而傳入了新知義理。從文化變遷的角度而言，通過翻譯，以迂迴戰術來介紹西方思想，得到巨大的成功，產生了改變傳統思維體系的實效，是中國近代思想史上影響深遠的大事。以此類推，民國時期大量翻譯域外漢學的影響，也是不容忽視的思想史課題。

關於清末民初西方學術思維衝擊中國知識精英，顛覆傳統文化的知識結構，錢穆在現代中國學術論衡的序言中，從中國文化本位的立場，發出深刻的感慨，做了籠統的批評：「文化异，斯學術亦异。中國重和合，西方重分別。民國以來，中國學術界分門別類，務爲專家，與中國傳統通人通儒之學大相違异。循至返讀古籍，格不相入。此其影響將來學術之發展實大，不可不加以討論。」錢穆所指出的問題，是傳統知識體系强調「通」，文史哲不分家，最崇尚通儒，而現代學術講究專業分科，各司其職，以至於讀不通古籍呈現的整體性知識思維。姚名達在撰寫中國目録學史的時候，對西力東漸，西潮帶來的翻譯著作及新知新學，也有類似的感慨：「四部分類法，不合時代也，不僅現代爲然。自道光、咸豐允許西人入國通商傳教以來，繼以派生留學外國，於是東西洋洋籍逐年增多。學問翻新，迥出舊學之外。目録學界之思想不免爲之震蕩。」這種對學術體系發生重大變化的觀察，反映了中國學人從晚清一直到民國，夾在東西方兩種不同思維體系的衝突中，身歷其境的切身感受，因此感觸良多。

二十世紀上半葉最能代表中國學術的通儒是王國維與陳寅恪，他們浸潤了經史子集的四部知識傳統，承繼乾嘉篤實的考據學風，却都經過西洋邏輯思維與實證科學的洗禮，參與中國知識結構的轉型。對西方現代知識結構如何在中國生根發芽，不但再三致意，并且以自己的學術實踐來努力促成。王國維早在一九〇二年就寫信給張之洞，反對把經學列爲大學分科之首，而主張效法西方與日本的大學，設立哲學科，明確指出知識結構的分類不可因循傳統，而必須另起爐竈。陳寅恪在一九二五年就清華大學建制的問題，寫了吾國學術之現狀及清華之職責，指出大學的職責在於學術之獨立，而中國學術界的情況令人十分不滿，必須認真效法西方學術的體制及實踐。他說：「蓋今世治學以世界爲範圍，重在知彼，絕非閉門造車者比。」這兩位國學大師，對西方與日本的漢學研究十分注意，都是以開放態度對待域外漢學研究，集思廣益，以成其大家。

再回到「温故知新」的歷代經解，說說文化傳承的闡釋學意義。劉寶楠在論語正義中指出，上古之時，文化知識是上層統治精英的家學，不再治理實際政事的長者可以傳遞德行的知識，可以爲人師。「温故而知新」，就顯示長者不忘舊時所學，且能吸收新知，繼承并發揚這種學術與政治合一的傳統。到了孔子之時，時代出現了變化，士大夫不見得能够謹守家法，弘揚德行，也不一定能够「爲師」了。孔子之後，世變日亟，「道術爲天下裂」，文化知識不再爲少數統治精英所壟斷，也不必然與治理政事有關，學術在民間百花齊放，百家争鳴。但是，學術知識發展的脈絡基本未變，仍然是要温故知新，進德修業。從劉寶楠不經意的闡釋中，可以看到時代變遷影響了學術文化的内容，改變了知識結構的體系，但其内在發展的理路仍舊，還是需要舊學與新知的融合，才能有所發展。

劉寶楠還引述了劉逢祿的解釋：「故，古也。六經皆述古昔、稱先王者也。知新，謂通其大義，以斟酌後世之製作，漢初經師皆是也。」劉寶楠贊成這個說法，並指出，漢唐人解釋「知新」，大多數都沿用此意。也就是說，舊學是傳統的知識結構體系，新知是時代變化出現的新知識，必須相互斟酌，才能發揮得宜。至於如何對舊學「通其大義」，就見仁見智，各有說法了。從這個通達的詮釋來討論近代西學東漸的情況，我們可以看到，「温故而知新」在民國學人的心底，是産生「傳統」與「現代」糾葛的心理陷阱，不易跨越。若依照朱熹的說法，「學能時習舊聞而每有新得，則所學在我而其應不窮」，雖然在哲理上可以模模糊糊說通，但在清末民初的具體歷史環節，西學的新知屬於完全不同的知識體系，在原有的舊學脈絡中，根本無從立足，如何「其應不窮」？所以，真要放之四海而皆準，提升「温故而知新」的普世意義，以理解域外漢學譯著與近代學術知識體系變遷的文化史意義，我們認爲，皇侃、邢昺，一直到劉寶楠的闡釋，是比較合適，並與現代文化闡釋學的説法相近。

伽達默爾（Hans-Georg Gadamer）在他的名著真理與方法中，説到認知理性與文化傳統的關係，特別指出，人們通過理性，來判斷歷史文化中事實的真相，但是人的理性與生存環境息息相關，與傳統所衍生的豐富文化底藴有關，不可能完全超越文化傳統的思維脈絡。他認爲，人生活在文化傳統之中，就不可能「遺世獨立」，以全能超越的抽象思辨來認識傳統，甚至是批判或顛覆傳統。傳統是歷史文化延續與傳承的表徵，不會一成不變，而我們的認知理性也會因時代變遷，而不斷重新詮釋傳統。伽達默爾的闡釋學以西方文化傳統爲例，説明新知如何納入傳統，而使文化傳統生機不斷，生生不息，與中國歷代經學家的説法（朱熹除外），有异曲同工之效。以此觀照民國時期的漢學譯著，我們認爲，這批學術新知傳入中國，對中國文化傳統的繁衍與發展，實有承先啓後之功。

近代海外漢學名著叢刊的出版，最值得感謝的是南兆旭先生二十多年來搜羅的執着與努力。雖然這套叢刊不能窮盡民國時期的漢學譯著，但是，能滙集上百冊自一九四九年以來在國内不曾重印的學術著作，再度公之於世，總是功不唐捐的大功德。忝爲本叢刊的主編，我面對這批民國學術材料，先是感到紛雜無章，有些原作者的學術素養也難副當前的學術標準，甚爲猶豫。後轉念一想，這是上個世紀中國最紛亂時期的學術記録，也是民生凋敝，國勢隤危，内亂外患交加之際，仍有許多學者孜孜矻矻，戮力翻譯域外漢學，爲中國學術的傳承拓展新知的坦途，不禁肅然起敬，開始用心整理分類。掛一漏萬，在所難免，好在有學殖豐贍的諍友擔任分卷主編，並撰寫各分卷前言，實在是衷心銘感。有傅杰教授負責「歷史文化與社會經濟」、戴燕教授負責「古典文獻與語言文字」、霍巍教授負責「中外交通與邊疆史」，吾道不孤矣。在整理編輯過程中，周威先生費心最多，也是我要衷心感謝的。

道術之存亡，全在人心之嚮背。這批民國漢學譯著重新問世，對我們生長在承平之世的學人，應當有激勵的作用，爲學術研究多盡份力，讓中國學術發展更上一層樓。

鄭培凱

二〇一五年七月

前言

在中國近現代學術史上，一個重大的轉折時期出現在清末民初，中國文化和中國學術幾千年來所積澱的自負和驕傲，受到前所未有的衝擊和挑戰。這種壓力既來自外部，也來自於內部，既包含着一個古老民族對於西方列强從政治、軍事、經濟、文化等各個方面强勢壓迫的自然反抗，也有着當時學人從學術傳統、研究範式、價值取嚮、材料方法等深層次的理性思考。在這樣一個大背景之下，陳寅恪先生因主張「一時代之學術，必有其新材料與新問題」而著稱於世，傅斯年先生也因倡導「上窮碧落下黄泉，動手動脚找東西」而聲名顯赫。其實，傅斯年先生這句名言的出處是在他撰寫的歷史語言研究所工作之旨趣一文當中，在講這句話的前面，他還有很長的一段話比較了當時中西學術發展出現的差距，并且指出了學術發展的三項標準：

（一）凡能直接研究材料，便能進步。凡間接的研究前人所研究或前人所創造之系統，而不能繁豐細密的參照所包含的事實，便退步。（二）凡一種學問能擴張他研究的材料便進步，不能的便退步。西洋人研究中國或牽連中國的事物，本來没有很多的成績，因爲他們讀中國的書不能親切，認中國事實不能嚴辯，所以關於一切文字審求、文籍考訂、史事辯別等等，在他們永遠一籌莫展。但他們却有些地方比我們範圍來得寬些。我們中國人多是不會解决史籍上的四裔問題的，丁謙君的諸史外國傳考證，遠不如沙萬君之譯外國傳、玉連之解大唐西域記、高幾耶之注馬可波羅遊記、米勒之發讀回紇文書，這都不是中國人現在已經辦到的。凡中國人所忽略，如匈奴、鮮卑、突厥、回紇、契丹、女真、蒙古等問題，在歐洲人却施格外的注意……（三）凡一種學問能擴充他做研究時應用的工具的，則進步，不能的，則退步。……西洋人做學問不是去讀書，是動手動脚到處尋找新材料，隨時擴大舊範圍，所以這學問才有四方的發展，嚮上的增高。〔一〕

他這裏所强調的材料的擴充、方法的進步，尤其舉出研究中國「四裔問題」上西方學術界的重視與所獲成績的例子，實際上都暗含着兩層意思在內：其一，是倡導重視除文獻材料之外地下材料的出土，號召學人不讀死書，而要「動手動脚到處尋找新材料」，才有可能拓展學術空間，「隨時擴大舊範圍」。西方學者古書遠遠不如中國人讀得好，却能够不斷拓展新領域，取得新成績，這是一個重要的原因。其二，是主張將研究空間從傳統的中原地區嚮着邊疆地區（亦即舊籍中的「四裔」）拓展，認爲這將是中國學術未來發展的方嚮。他尤其提到的匈奴、鮮卑、突厥、回紇、契丹、女真、蒙古等問題，都是國人重視不足，但「在歐洲人却施格外的注意」的新問題。直到今天看來，傅斯年先生所倡導的這個方嚮，也仍然具有深遠的戰略眼光。民國時期學術所受海外漢學的影響是多方面的，而其中對於中國邊疆、民族和中外文化關係等方面的研究成果尤其引人注目，也爲時人所重視，都與這個時代背景有着密切的關係。

近代以來，西方學者（包括被國人視爲「東洋」的日本學者在內）的一批學術著作陸續被翻譯成中文出版，成爲當時國人瞭解西方並從而反觀自身的一面鏡子。其中，被選入本套近代海外漢學名著叢刊的許多名

〔一〕傅斯年：歷史語言研究所工作之旨趣，國立中央研究院歷史語言研究所集刊第一本第一分，民國十七年十月。

家著作，堪稱其代表之作。這當中，有對中國古代民族史進行深入研究的白鳥庫吉著康居粟特考、帕克（E. H.Parker）所著匈奴史、津田左右吉著渤海史考等名著，也有涉及中國古代民族制度文化史的箭内亘著元朝制度考、元代經略東北考等系列研究專著。尤其是在中外文化交流和關係史方面，日本學者桑原騭藏著唐宋貿易港研究、木宫泰彦著中日交通史等著作，都開啓了這個領域的研究先河，影響甚爲深遠。

這批海外漢學名著的學術特點非常突出，一方面，它們大都充分利用了豐富的中國古代歷史文獻進行精深的文本分析，體現出作者的漢學水平和深厚的古文獻根基；但另一方面，從總體的研究方法上却與傳統的中國學術大相徑庭，作者已經不再像二十四史的史家那樣仍舊站在中原王朝正統史觀的立場來觀察所謂「四裔」，進行粗綫條的描述，而是以西方考古學、人類學、社會學等全新的研究方法和理論對研究對象從歷史語言、地理環境、社會組織結構、人群遷移流動、對外文化交流等不同的層面和角度加以剖析，從而展示出前所未有的學術新格局。在這批著作中，還有一部分屬於作者實地考察的行記，如鳥居龍藏所著東北亞洲搜訪記等，無論其學術水平如何參差不齊，但都體現出西方學術界重視田野工作、擴大和豐富新材料的研究取嚮，也和當時西方學者大規模進入我國邊疆地區開展所謂「考察」、「探險」活動的歷史背景相互呼應，由此對中國學人所産生的激烈震蕩和隨之而來「敦煌學」、「西夏學」、「蒙古學」、「藏學」等新的研究領域的形成，應當説都與之不無關係。

我們不能不注意到，在這批海外漢學名著中，日本學者的著述頗豐，這個特點也反映出近現代學術史上「東洋」與「西洋」之關係。自明治維新以來，日本以「脱亞入歐」爲國家目標，不僅在政治、經濟和軍事上努力以西方爲效仿和追趕對象，在文化上也與傳統的「以中國文化爲師」的模式拉開距離，出現了學術文化上的明顯轉型。在嚮西方學術學習借鑒方面，日本的確走在了中國的前頭，甚至承擔了嚮中國「轉手」輸入西方文化的「中間人」的角色。在中國的邊疆、民族、中西交通史等方面，日本學術界和西方學術界聯繫緊密，將其對中國傳統史籍的精深理解和西方研究範式的具體實踐有效加以結合，産生出一批重量級的學術成果，這也是清末民初投射在中國學術史背景上的一個濃重剪影。

當然也無須諱言，由於時代的局限，這套叢書所能够借以參考、使用的實物史料隨着地上地下考古文物的不斷發現，已經顯得落後。自二十世紀五十年代以來，中國學者在邊疆考古領域取得了重要的成績，尤其是在新疆、西藏、内蒙古、東北各地的田野工作爲匈奴、鮮卑、粟特、吐蕃、突厥等若干古代民族問題的研究都提供了大量新材料，提出了不少新問題。但是我們不能苛求前人，放在當時的歷史背景之下來看，叢書作者所顯現的問題意識、史料運用和研究方法，至今也仍然是具有借鑒作用的。

最後我們還應注意到，這批海外漢學著作的譯者有些是國人知曉的史學名家，如向達先生、趙敏求先生、方壯猷先生等，他們均具有深厚的傳統國學根底，也具有寬廣的國際視野，其中如向達先生曾遊學歐洲多國，在敦煌學、中西文化交流史研究等方面建樹卓越。但是，也還有更多的編譯者今天已經不再爲人知曉，這反而證明了一個事實：在清末民初這個中國近現代學術史轉型時期，西方學術所帶來的衝擊和影響，不僅僅波及少數學術精英，而且也深刻地震蕩着社會各個階層，中國人嚮西方學習從而變革求新、救亡圖存的强烈願望，可以説是這些譯著當年問世時最爲直接的「催生劑」。今天，在中華民族爲實現偉大的民族復興和「中國夢」的美好願景而努力奮鬥的新時代，重讀這套叢書，「温故而知新」，可以説是意味深長。

四川大學教授、博士生道師、教育部長江學者特聘教授

霍巍

作者簡介

著者

有高岩（Aritaka Iwao，一八八四年—一九六八年），歷史學家、東洋史家、中國元史研究專家。是日本較早就重視中國元代社會、經濟和法律研究的學者。一八八四年一月十五日生，福岡縣人。一九一一年京都帝國大學史學系畢業。一九一八年任佐賀高等學校教授，一九二九年任東京高等師範學校教授，一九三三年任東京文理科大學教授，一九三四年獲博士學位。研究中國元代的社會史、經濟史和唐代的社會史、文藝史以及清代的民族思想史。發表有研究元代海運、鈔法、奴隸、科舉、農民生活、法律特點、有關婚姻之法律、司法制度——以約會制爲中心、僧侶與社會、財政經濟與社會、訴訟審判制度等十多篇論文，著有概觀東洋史、唐代的社會和文藝、有關元代婚姻法的研究、元代農民之生活等，並撰寫東洋中世史（一九三九年）元代部分。

譯者

黃現璠（一八九九年—一九八二年），中國現代歷史學家、民族學家、人類學家和教育家，中國現代民族學奠基人之一。曾在北京師範大學攻讀歷史學九年，後留學日本東京帝國大學。他一生致力於歷史學、民族學研究。黃現璠著述豐碩，曾編、著、譯有中國通史綱要（合著）三册、高中外國史（兩册）、元代農民之生活、唐代社會概略、宋代太學生救國運動等。

譯者序

日本東京高師教授有高巖著元代農民之生活一文，發表於桑原博士還曆紀念東洋史論叢，元代奴隸考一文，發表於小川博士還曆紀念史學地理學論叢。現瑨喜其著作同人，事蹟同時，農民奴隸，又同一階級，（下層階級）不揣淺陋，翻譯出之，加以章節目次，合成此書，而以前文爲名，後文附之。

本書譯完，曾請師範大學日文教師張我軍先生訂正，後登載於社會雜誌，又煩苗迪靑先生攜至日本，請原著人校閱，故譯筆意義，均與原義脗合。現瑨於此，特對于張苗二先生及原著人，表示謝意！

本書材料詳實，考據精密，能使讀者，瞭然當時漢族農民奴隸，受異族壓迫之痛苦，及生活之惡劣；而覺居於次殖民地地位之中國今日，尤其是東北四省同胞，在暴日勢力統治之下，爲異族中之異族，飲辱受困，橫被壓迫，更不堪聞問矣。孔子曰：「殷鑑不遠，在夏后之世。」願吾同胞，怵異族之殘兇，悲亡國之將至，臥薪嘗胆，共挽危亡。

一九三四、一、三〇、　現璠誌於北平

元代農民之生活附隸奴考目次

頁數

目錄　二

第一章　農民之生活

第一節　緒言

中國自古以農立國，國民十分之八九，皆以農業耕稼爲生。歷代當國者——假令是塞外遊牧出身——對于農業之奬勵，農民之保護，似皆盡心力而爲之，而自儒家標榜重農主義以來，所有古來之法律制度，大體上，皆以農民爲本位。然則歷代的農民生活，理應十分安全而且幸福的了；可是事實上，却不盡然。三代之世，姑且不論，三代以後，歷時未久，造成「中國式」特徵的社會，保持太平至四百年之久，而各般史料頗整然，得以正確知道當時事蹟，而可以說是漢代的代表的史籍——漢書（二四上）食貨志中，鼂錯敍述農民生活之苦如下：

「今農夫五口之家，其服役者，不下二人，其能耕者不過百畝，百畝之收，不過百石，春耕夏耘，秋穫冬藏，伐薪樵，治官府，給繇役，春不得避風塵，夏不得避暑熱，秋不得避陰雨，冬不得避寒凍，四時之間，亡日休息。又私自送往迎來，弔死問疾，養孤長幼，在其中，勤苦如此。尙復被水旱之災，急政暴虐，賦斂不時，朝令而暮改，當具有者，半賈而賣，亡者取倍稱之息，於是有賣田宅，鬻子孫，以償責者矣。」

次敍當時的豪商，結交王侯，恣意榮華，兼併農民田園之實況如下：

「今法律賤商人，商人已富貴矣；尊農夫，農夫已貧賤矣。故俗之所貴，主之所賤也；吏之所卑，法之所尊。上下相反，好惡乖迕。」

此種文字，雖不無故甚其詞的地方，惟鼂錯前之賈誼，後之董仲舒，皆上奏同樣的事，見於同書同卷，故或無置疑餘地；尤其是董仲舒憂貧富之差，與年俱增，極認實行限田制之必要。此種限田制，西漢末年師丹孔光等，亦曾奏請實行，但以有力者之反對，終歸泡影。（同書同志）

降及唐代，漢族文化，呈空前之發達，從而人民生活，非常美滿；惟中唐以後，陰慘的空氣，依然罩籠民間。據新唐書（五二）食貨志德宗名臣陸贄上書陳述如下：

『今富者萬畝，貧者無容足之居，依託強家，爲其私屬。終歲服勞，常患不充。有田之家，坐食租稅，京畿田畝稅五升，而私家收租，畝一石，官取一，私取十，穡者安得足食？』

固然、漢以後之北朝及初唐，曾行一種均田制，但其結果，未必合其理論，尤以安祿山之大亂，社會秩序，極端紊亂，生存競爭，十分劇烈，兼併之風復起，此一如陸贄所言。

日本雖然也發生富豪兼併田地，及農民生活疾苦之現象，但總不如中國之甚。蓋中國歷代，皆是以武力及權術，奪取國柄的實力主義方便主義之國家，有時又是屈從於全無紀綱無節制的夷狄膝下，有時傳統的極端的官尊民卑思想，又在其中作祟，道德法律，在強權之前，殆沒有若何威權。加以土地廣大，統一困難，因襲已久，芟除不易，智識殆爲士人獨占，農夫和工匠，僅被當作生產的器具。上下隔絕，利害相反，其間並無何等有機之連繫，所以上自王侯，下至官吏，皆橫征暴斂，徒顧目前私利，對於屢次襲來之天災惡疫等，毫無澈底爲之豫防或救濟。故下層農民，田園之侵奪，賦徭之繁苛，佃權之搖動，佃租之暴徵，自不待言；甚至對於自己的生命財產，也始終蒙受着莫大的威脅。我們只稍取其中之任何一種困苦來看，都是足以做所謂農村問題討論的重要案件，惟彼等佃民，既無思想上根據，又無團體連絡，輒以環境壓迫，爲大命所定，默然屈從，僅在天災頻發，暴政非常，及社會不安之時，一旦騷亂發生，則農民中最窮而好鬥之輩，必先挺而走險，以響應之，其他農民，也次第參加，得以發洩其積年鬱憤。惟此種農民運動，大抵無任何理想或計畫，故其結果，亦不過亡甲興乙而已。新政府建設伊始，諸事簡素，國民負擔，固得以稍輕；但曾幾何時，舊態復萌，依然苛捐雜稅。而各地勢家豪族，也不過當革命混亂時，發生興亡起仆現象而已。至於社會內部，總不能在進化及發展之意義上，向前進行。農民生活，仍舊不能改善。

漢唐農民生活，尚且如此。至若這裏所要說的元代，爲歷代農民生活中最苦楚之一，這是誰都不難推知的。倘若這個推想，沒有錯誤，然則其所以然者，是甚麼緣故？且處於甚麼狀態？對於此問題，從來似尚無人論證，故以下要分項逐類，加以解說——雖稍屬概論的。

第二節　蒙古朝廷與農業

有元一代，中國本部農民，殆受空前之壓迫搾取。其最大原因有三，即蒙古人之殺伐，蒙古人不理解農業，及當時豪強，乘政治放慢，法制弛廢，魚肉農民等是，茲分別論之。

第一：蒙古人之殺伐，蒙古人好殺伐，同時又威脅了世界各國，想誰都知道。自太祖南征，以至世祖滅宋，數十年間，漢族常受其殺掠，恐慌萬分。每逢蒙軍經過地方，住民輒有生命，財產之危險。因此生產事業，停止工作，給農民莫大之打擊，是不消說的。拙著元代奴隸考一文，曾論及之，今暫從略。

第二：蒙古人不理解農業，究何所指？爲便於說明起見，可分蒙古朝廷之不理解農業及蒙古王公將卒等之不理解農業言之。原來蒙古人，是以狩獵爲主的民族，其不能充分理解農業，乃是當然之結果。然女眞族所建立的金清二朝，與元朝對於中原漢民之根本態度，又大不相同，其故不止由於滿人蒙人性情上，有所差別，乃在蒙古朝廷，君臨漢土以前，曾席捲中亞細亞及歐洲東部，早與各種民族及各種文明相接觸，故入主中國以後，對於漢族文明及生活，未必能持尊敬態度。況且他們又是自信意志特別堅強之民族，故元代一百年間，儒學及漢族習尚，蒙人對之，皆無特別敬意及好感，儘一貫實行其「蒙古主義，」關於此點，羽田博士著元朝對於漢文明之態度一文，（狩野博士還曆記念支那學論叢所載）特舉詔勅形式等等方面爲例。如此，蒙古人對於中國農業及農民之根本精神，已顯然可見。故其不理解農業，壓迫農民，與金二代所持之態度及動作，有莫大之差異。第一，太祖成吉斯汗南征之時，曾欲盡殺漢民，以其地爲牧塲，此乃世人盡知的事實。此事元史一四六耶律楚材傳，也有紀載，而大約是依據於耶律公神道碑（元文類五七）所說：

『自太祖西征以後，倉廩府庫，無斗粟尺帛，而中使別迭等僉言：雖得漢人，亦無所用，不若盡去之，使草木暢茂，以爲牧地。公即前曰：夫以天下之廣，四海之大，何求而不得。但不爲耳，何名無用哉？』

又謂楚材說，在漢土施行「地稅商稅酒醋塩鐵山澤之利，」每年可收銀五十萬兩，絹八萬匹，粟四十萬石，得太祖允許，實行徵稅，以救護幾千萬漢民生命，雖然楚材以收稅之利，說服太祖，歷代皇帝及官吏，都視農民如生產食料，付納租稅的器械，不過由本心承認農民的人格，尊重其工作的人，即漢人天子，事實上，亦屬鳳毛麟角，故亦未必可以獨責蒙古之可汗。話雖如此，但其有屠殺漢民——雖只是一時——之意，也是罪孽深重了。

迨及太宗窩闊台，討滅金國，領有中原之地，與漢族發生密切關係，雖當時國都，尚在外蒙喀喇和林，而事實上，漢土已被視作兵糧軍資的生產貯藏所。至第五代世祖忽必烈，以燕京爲大都，建國號曰元，尤其是滅南宋，終於君臨中國全土以後，再不容其取從來那種不負責任之態度了。而且世祖，是通於文武，具統治之才，富寬厚之德的英主；當其在私第時，已延四方文學之士，詢問治道，（元史世祖本紀之首）當時碩學如劉秉忠，姚樞，許衡等，皆先後招聘，（元史三人本傳）爲之講敬天，愛民，崇儒，奬農及政治要義。及即位後，首欲大奬農桑，以安民生。故有如下之設施。元史（九三食貨志農桑）說：

『世祖即位之初，首詔天下：國以民爲本，民以衣食爲本，衣以農桑爲本。於是頒農桑輯要之書於民，俾民崇本抑末，……中統元年，命各路宣撫司，擇通曉農事者，充隨處勸農官。……至元七年，立司農司，……是年又頒農桑之制一十四條，……二十五年立行大司農司及營田司於江南。二十八年頒農桑雜令，……故終世祖之世，家給人足。』

右文所謂農桑輯要，是一部好書，後來屢爲仁宗，英宗，明宗，文宗所刋行頒布。

（備考）今武英殿聚珍版本之農桑輯要有至元十年（西歷一二七三年）王磐序文。紀昀陸錫熊等之評語，有（觀其博採經史及諸子雜家，益以試驗之法，考核詳贍，而一一切於實用，當時絕貴重之不虛也）之語。內容分典訓（農功起本，蠶事起本，經史法言，先賢務農等，）耕墾（耕地，代田，區田等，）播種（稻，麥，豆等，）栽桑，養蠶，瓜菜，果實，竹木，藥草，孳畜，蜂魚等篇。援齊氏要術及其他古書，以詳細解說之。所謂「試驗之法」—即依憑新的實驗的部分，究有若干？大約是不會太多的。

又所謂崇本抑末，即自秦以來，（史記六八商君列傳）歷代所行之重農抑商政策，世祖亦繼續行之。又置大司農司，行司農司，（元史八七百官志）以奬勸農事。設常平倉，義倉，（元史九六食貨志）以調節糧穀。發布勸農立社事理十五欵，

（元典章二三戶部九立社）使共謀農村自治生存。若遇饑饉惡疫之際，又定免稅及振恤之法，以資救濟。（元史九六食貨志）然此種制度，前代早已行之，尤以唐宋，最為整齊，世祖大概法諸先王。然世祖在漢土，有尊重農業，甚於牧畜之事實，元史世祖紀，紀載如下：

（至元十年十一月，）『丁未大司農司言：中書移文以畿內，秋禾始收，請禁農桑覆耕，恐妨芻牧，帝以農事有益，詔勿禁。』

（至元十一年三月癸巳，）……『亦乞里帶強取民租產桑園廬舍墳墓，分為探馬赤軍牧地，詔還其民。』

世祖以後諸帝，除成宗，武宗外，類皆凡庸無能，然亦頒發勸農之詔書，或遣派官吏於地方，獎勵農桑。此種詔書，俱載於元典章，（二聖政一勸農桑）有『國用民財，皆本於農』（至元三十一年四月成宗詔書）『農桑天下之本』（至大二年九月武宗詔書）之語。又同書（二三戶部九）至大三年（一三一〇年）二月聖旨，亦說

：『農桑國家經賦之源，民生衣食之本。』至如前述仁宗，英宗諸帝，皆再三刊行農桑輯要，頒布於民間。勸農官，上自大司農司、下至各行省農司，皆各盡力於農桑，略與前代無異。若然，則元代諸帝，對於國用民食根源之農桑，雖不十分力行，大約至少也認眞實行，不亞於歷代諸朝所實行的程度，而官吏也以同樣的精神，相當盡瘁於此事吧？但是這却大有疑問？

元代蒙古人對於儒學及漢族文化風俗，無特別敬意，一貫實行『蒙古主義，『前已言之。元代諸帝，概不瞭解漢文，例如尚書，貞觀政要及大學衍義，大抵依蒙古譯文，略知大要。許多在朝之將相，也大多如此，且不諳漢文，亦毫不以爲恥。（二十二史劄記三〇『元諸帝多不習漢文』及元史一三九阿魯圖傳』因此頒布勸獎農桑之詔書，天子大約也多不知其內容如何，左右重臣，又不大參預此事，想係地位較卑的漢文臣，徒仿成典，繕作勸農崇儒及各種漢文詔書的吧，況且蒙古官制，原則上，輕視漢南人，（元史百官志序）元代一百年間，漢南人爲中央政府之大官者，不及數人，（滿鮮地理歷史研究報告第三箭內氏元代社會之三階級）據元史世祖紀至元二十二年「六月庚午」之條說：

『左丞呂師夔乞假省母江州，帝許之，因諭安童曰：此事汝蒙古人不知，朕左右復無漢人，可否皆自朕決，汝當盡心，善治百姓，無使重困致亂。』

世祖左右，復無漢人，於此已明。縱有才識高超之漢人，得立於廟堂之上，亦多迎合蒙古將王之意，以保持地位，屢屢犧牲同胞福利，試觀元史（一一四）順聖皇后（世祖之后）傳所說，即可瞭然。

『一日，四怯薛官奏，割京城外地牧馬，帝既允，方以圖進。后至帝所將諫，先陽責太保劉秉忠曰：汝漢人聰明者，言則帝聽、汝何爲不諫，向初到定都時，若以地牧馬則可，今軍蘸俱分業已定，奪之可乎？帝默然，命寢其事。』

漢官無力之例，見於他處者尚多，據元史（一六九）賀仁傑傳說：

『仁傑曰：臣漢人，不能禁吏戢姦。』

可知漢官，是怎樣無能爲力的了。由此觀之，元朝天子左右，全爲多數蒙古色目之將相，及少數無能爲力之漢人。所以漢南人之利害關係，自無人顧慮及之。且屢自外蒙入朝，與帝后接近之蒙古諸王公，比較中央諸官，更固持其頑固的「蒙古主義，」反對採用漢風。元史（一二五）高智耀傳說：

「至元五年」『……會西北藩王遣使入朝，謂：本朝舊俗，與漢法異，今留漢地，建都城郭，儀文制度，遵用漢法，其故如何，帝求報聘之使，以折其問。智耀入見請行，帝問所答畫一，敷對稱旨，即日遣就道，至上京病卒。』元帝爲說服反對採用漢風之西北藩王，遣智耀爲使，不幸病卒於途，毫無結果。因而反對漢風之聲浪，屢自外藩送入中央，而朝廷也就逐漸硬化了。又在中國本部之諸王或高官等，素不顧農事，爲所欲爲，此視元史（一〇五）刑法志所載之禁令，便可瞭然，

『諸年穀不登，人民愁困，諸王達官，應出圍獵者，並禁治之。』

其次，行司農司諸官，尤其是直接親民之勸農官，果盡忠其職乎？此亦未必盡然。元典章（二三戶部九）勸農裏面，有「革能下鄉勸農」一文，即是至元二十八年，江西省請能免下鄉騷擾民間之勸農官，而獲允許的。元中葉著名的經世家張養浩的忠告牧民，於省事之條所述：

「常見世之勸農者，先期以告，鳩酒食候郊原，將迎奔走，絡繹無寧，蓋數日騷然也。至則胥吏童卒，雜然而生威，路遺徵取，下及雞豚，名爲勸之，其實擾之，名爲優之，其實勞之。」

也是一樣的事例。此爲中國官場通病之一，固不限於勸農官。惟元之中葉，盛行派遣這種貪官，故農民受苦，不一而足。此外世祖至元六年，創設常平倉，翌年又立義倉，固以救濟農民爲目的。試看 Yule: Cathay and Way Thither, I P.240之 Arhibishop of Soltania （元中葉之人）之記事，可知其在事實上，存在於地方，頗有相當功效，然據下面史料所載，則又因爲廢壞，或因缺乏貯米，而不能充分發揮機能。

『今國家雖有常平倉，實無所蓄。』（元史二〇五盧世榮傳）

『常年倉…… 名存而實廢。』（元史類四〇經世大典序錄）

『今州郡多無委積，雖有之，而在上者，封錮甚嚴，不測有虞，茫無所措手，此厥今牧民者之通病也。』（牧民忠告預備）

其次，天災疫病等，遇特別之蠲免振恤，在窮民，算是受恩感德的事，然實際上，農民並未享受分毫，例如元史說：

『江浙行省臣言：陛下即位之初，詔蠲今歲田租十分之三，然江南與江北異。貧者佃富人之田，歲輸其稅，今所蠲，特及田主，其佃民輸租如故。則是恩及富室，而不被於貧民也。（成宗紀至元三十一年十一月辛巳）

『紅貼糧者，成宗大德五年始行，初賑糶糧，多為豪強嗜利之徒，用計巧取，弗能周及貧民。』（元史九六食貨志）

此外元朝對於漢土之農業農民，所施行的政策，可以討論者尚不少，但假如以上面所述的範圍來做一個結論，則世祖參照前代法制，關於農業獎勵，農民救護，所設施者頗多，意至良，法至美。可惜幾是形式上工夫，或反釀成弊害，實效殊鮮。固然，中國人民，向不專望朝廷恩惠，官憲保護，反而苦於官僚之假賣恩惠，實圖剝削，所以前說各種設施之功效，固不必多新議論。然而元朝之冷淡態度，以及當時盛氣人之蒙古官僚，多不知政治爲何物，直接對於農業農民，加以迫害，比諸歷代，諒必特甚。再如當時政法疏慢，致使豪強跋扈，也間接使農民陷於水深火熱之中。此事待下面，當論及之。

第三節　蒙古人之害農

元朝之農業政策或設施，既如上述。次述蒙古王公將相吏卒等，在漢土行爲狀況。蒙古王公將相吏卒等，確能保護漢農民，留傳良吏芳名者，固不乏人；（元史一九二良吏傳都諳刺）但蹂踐人民禾稼桑棗，奪占耕地，爲其私有牧場，及拘捕馬四，雜物，或強拉農夫，作自用奴隸，極暴亂狠藉之能事者，更僕難數。前節所說朝廷的恩惠雖薄，然尚可忍，至於這種積極的壓迫之巨，在當時的農民，是不能漠視的大問題。然而苦害漢民，固不限於蒙古人，即金人清人侵入中國本部時，也常行之，就蹂踐田禾而論，金史世宗紀（大定六年五月壬戌）紀錄如下：

『詔將幸銀山，諸扈從軍士，賜錢五萬貫，有敢損苗稼者，並償之。』

又清十朝聖訓，也有如下條文：

『太祖時，凡遇行兵巡幸軍士，有踐踏田禾者，重則射之，輕者鞭之。……近來諸王貝勒行兵出獵，見有踐踏田禾者。……』（太宗聖訓四崇德七年）

『兵部以三營官兵踏踏田禾，業經戶部丈明，賞給田主銀兩。……』（聖祖聖訓三〇康熙二十九年）

但此種事實，金清史料，並不多見。然蒙古人蹂踏之程度，絕非女眞滿洲人可所比擬；甚至不視漢人南人爲人之蒙古朝廷，尚不忍坐視同胞之過於殘毒舉動，而頒布蹂踐田禾禁令者，不止一次。即元史世祖紀中統三年（正月辛未）翌四年（七月己酉）至元七年，（二月乙酉）成宗紀大德元年，（十二月戊戌）二年，（二月癸未）武宗紀大德十一年，（十二月庚申）仁宗紀皇慶元年，（五月壬寅）英宗紀延祐七年，（七月壬辰）順帝紀至正十二年，（正月壬子）及同書（一五〇）刑法志禁令之條，有禁圍獵於田，未收之時，甚而出了下面似的命令：

『諸所在鎮守蒙古漢軍，各立營所，無故輒入人家求索酒食，及縱頭疋食踐田禾桑果，罪及主將。』

像這一類紀載，不惟踐踏田禾，甚而要求酒食，不可不謂爲可惡之極，同時觀其特別發出這樣的禁令，又可知其盛行於各地了。其他如元史（一五五）史格傳姜彧傳，也有踐食田禾紀載。又元典章（二聖政一）于勸農桑裏面，至元三十一年，（四月）大德十一年，（十二月）至大四年（三月）之詔書，同卷於安黎庶題下，大德十年，（五月）十一年（五月）至大二年（二月）延祐四年（閏正月）七年（十一月）

之詔書，及同書（二三戶部九）于勸農中，至大元年（三月）行御史臺之咨，三年尙書省奏文，元典章新集戶部農桑中，延祐四年，大司農司上言，大元馬政記成宗元貞元年十月之條等，皆反復言踐食田禾之事。蓋以蒙古王公軍人牧者，當狩獵行軍，及平時牧馬之際，特放縱馬匹，蹂踐田禾，農民常感莫大之痛苦。但若直接提出抗議，反多無辜受刑，故大抵皆低首默受，飲淚呑聲罷了。

至於沒收民田，爲公共牧場，或自己領地，當北狄侵入之際，時常行之。金代沒收民田，叫做奪田（金史四七食貨志田制）淸叫做「圈地，」（大淸會典事例八四一）然亦似不若元代之甚。元代之事實，始見於欽定續文獻通考（一田賦一）至元末年、趙天麟上太平金鏡策中所說：

「今王公大人之家，或占民田，近於千頃，不耕不稼，謂之草塲，專放孳畜。」

元史世祖紀中統四年（七月壬寅）至元六年（四月辛酉）仁宗紀延祐元年，（

閏三月辛酉）同書（一三四）撒吉思傳（一五一）與敦世英傳（一五四）鄭鼎傳（一六七）崔彧傳，及圭齋文集，（一二）或高昌偰氏家傳等，統有強奪民田之紀載。元史（一六四）王構傳更說強奪學田，以爲牧地。元史成宗紀所說：

『禁諸王駙馬並權豪，毋奪民田，其獻田者有刑。』（大德元年十二月戊戌）

『禁諸王公主駙馬，受諸人呈獻公私田，及擅招戶者。』（大德二年壬辰）

這是禁止名爲獻田，實即強奪田土者。又元史（一三四）和尚傳至元末年紀載如下：

『東平大名諸路，有諸王牧地草地，與民田相間，互相侵冒，有司視強弱爲予奪，連歲爭訟不能定。』

如此接近諸王牧地之民田，似蒙莫大之侵蝕。同書（一三五）塔里赤傳亦說：

『時南北民戶，主客良賤雜揉，蒙古軍牧馬草地互相占據。』（此指至元年間洛陽附近而言）

況且蒙軍軍營，散居本部各地，（元史九九兵志鎮戍）所以大江南北，隨處皆發生奪據田地問題。又元史武宗紀紀載：至大二年（十月壬子）在大都之北，奪民田百三十餘頃，充作軍營。同書（一四八）董文用傳亦紀有：奪取民田，充作屯田之事，故逢國家公用時，諒必是一方毫無抵抗，一方毫無客氣的罷。當時國有牧場，雖以蒙古及中國北部滿洲朝鮮等爲主，（元史一〇〇兵志馬政）但中國內部，耕作地帶，也隨處設置，今河北省正定縣，即當時稱爲「眞定路牧場，」養蓄官馬，至四萬餘頭之多。（元史世祖至元二十四年二月己未）故僅此種牧地，在內部各地，奪去相當廣大的民田，然則再以民田而論，爲公爲私的奪去，自必佔全國很大之面積。

再說其拘收民間馬匹，此與禁止漢南人之攜帶武器和狩獵（元史世祖紀至元二十三年二月己亥，同二十七年九月，同年十二月己卯等記載甚多。）是同樣的主義。因此固大有阻止彼等軍事行動，然同時尤直接爲自己軍隊所必需，故屢次拘收漢族所有有馬匹。此事見於大元馬政記引永樂大典所說：至元二十三年六月，得漢人全部馬匹及回回畏吾兒閒居人富戶三分之二馬匹，總計十萬二千；又謂此數目中得自大都者一萬匹，得自眞定路者七千，自保定，太原，河間，大名各得六千，益都得五千，大抵皆在大江以北。至元二十七年正月，在江，淮，福建，湖廣，江西諸省，得十一萬八千五百匹；大德二年。仍自各省得十一餘萬匹；至大三年，得四萬餘匹；延祐四年，得二十五萬匹；延祐七年，得二萬五千匹；天歷元年，又括得十一萬餘匹。民間之馬匹，多用之於馱運，但地方情形不同，用之於耕田碾磑及拽迴，也極衆多，觀元史世祖至元二年六月聖旨說，便可瞭然。

『不得用馬拽車拽碾耕作』。

故上述蒙古人，屢次拘收許多馬匹，則漢土農業之受打擊，可謂深鉅痛傷。

又元代蒙古人，常殺戮農民，或俘獲農民，爲其奴隸。試觀元史所謂『殺掠幾盡』（一二二塔不已兒傳）『俘虜千萬』（一二八阿里海牙傳）『俘人口八萬』（

一六一劉整傳）「軍前所掠人口，留家者爲奴婢」（一〇三刑法志戶婚）即可明證。至於詳細情形，已於元代奴隸考文中說明，於此暫略。且徵發人民爲卒兵，也與農家莫大之打擊。元史（九八兵志序）說：

「既平中原，發民爲卒，是爲漢軍，或以貧富爲甲乙，戶出一人，曰「獨戶軍」合二三而出一人，則爲「正軍戶」，餘爲「貼軍戶」。……至元七年，十丁出一卒，……富商大賈，則又取一人，曰「餘丁軍」，……有國百年，而內外兵數之多寡，人莫有知之者」。

徵兵之制，歷代帝王，類皆行之，惟元代戰爭頻繁，且蒙古民族，殺伐好戰，故虐使漢人爲兵役，幾爲曠古所未有。

原來文化低落的游牧民族，與文化優秀的農民接鄰時，農民因有食料服飾等誘惑物，自必常受侵害，此是古今中外之通例。即以中國而論，三代以後，北人屢次南下牧馬，全爲此故；萬里長城，幾度修築，亦即爲此。若守備稍懈，有隙可乘，則北狄必肆行侵掠；尤其是蒙古人侵入漢土，較週期的或欵期的掠奪西域，費力少而成功多。故相率南下，及佔領土地，傲然居之，使其從來枯缺之游牧生活，內容加以豐富，甚如吏士之末，亦營繁華放縱的貴族生活。當此之時，首供其犧牲者，爲漢土農民。田地被佔奪，禾桑被蹂食，馬匹被拘收，而人民本身也被俘虜強徵，使作奴婢或兵士，甚至慘遭殺戮。古來農民，蒙北狄之侵害，未有甚於此時者。

第四節　豪强之跋扈

元代爲害農民之第三大事，即是當時政治放慢，法制廢弛，以致豪強跋扈，魚肉農民。蓋前說第一蒙古人之殺伐，第二蒙古人不瞭解農業，不與之接觸之南方僻地的人民，可能幸免此禍；惟下面所要說各地豪強之跳梁，爲害最廣汎深刻，當時多數農民，皆蒙其禍。元來中國資本主義之發達，富豪之横暴，由來頗久。據史記貨殖列傳紀載：春秋戰國時代，暴富之家，已有許多。然至漢代，貧富懸隔益甚，貧民受迫害亦益著。漢書（二四上）食貨志董仲舒上奏說：

『富者田連阡陌，貧者亡立錐之地。又顓川澤之利，管山林之饒，荒淫越制，踰侈以相高，邑有人君之尊，里有公侯之富、小民安得不困？』

前面所引鼂錯之言，或可為此明證。唐代也是同樣情形，觀前陸贄所言，即可明白。降及五代混亂之世，兼併沒收之風，越發厲利，故北宋蘇洵於衡論（一〇）（古文辭類一蘇老泉文集）文中慨乎言之。

『井田廢，田非耕者所有，而有田者不耕也。耕者之田，資以富民；富民之家，地大業廣，阡陌連接，募召浮客，分耕其中，鞭笞驅役，視以奴僕，安坐四顧，指麾於其間，而役屬之民，夏為之耨，秋為之穫，無有一人，違其節度以嬉，而田之所入，己得其半，耕者得其半。有田者一人，而耕者十人，是以田主日累其半，以至於富強；耕者日食其半，以至於窮餓而無告矣』。

及至南宋之末，其弊日甚。宋史（一七三）食貨志（農田 殿中侍御史謝方叔說當時狀態如下：

『豪強兼併之患，至今而極，非限民名田，有所不可，是亦救世道之微權也。國朝駐驛錢塘，百有二十餘年矣，外之境土日荒，內之生齒日繁，權勢之家日盛，兼併之習日滋，百姓日貧，經制日壞，上下煎迫，若有不可爲之勢。所謂富貴操柄者，若非人主之所得專，識者懼焉』。

陔餘叢考（一八）南宋將師之豪富一文，亦舉有實例。同時全國政治，據金史（四六）食貨志序說：遼政有操切之弊，宋政有繁縟之煩，金則兼而有之，頗傷財害民，國計因此常搖動。但同書（四七）食貨志，（田制）且詳述各地豪強，盛行奪田，致吏小民困憊，流離失所。

宋金衰亡之際，綱紀全廢，強悍無賴之徒，橫恣特甚。元世祖統一天下，不能釐革此弊，中元以後，反加劇烈，推其重要原因，約有數端；（A）政治放慢，（B）法制弛慢，（C）財政失敗，（D）經理敷衍。今先說政治放慢。蓋以好戰粗暴無教育之蒙古民族，爲國政主體，輔之以可謂爲西域各地遊俠之徒的色目人，而有教育之漢官，概仰其鼻息，而組織混合蒙古，西域，漢土三系風化之法政，故其間，殆無何等系統，全缺檢束，實屬粗笨的辦法。而且統治之君，世祖之外，無賢明之主；輔翼之臣，耶律楚材以後，無特逸之材。蒙古將吏，知政愛民者，當然極少。就是地方官的色目人，也大多如元典章（一二）吏部（六司史）大德四年湖廣行者劄付所說的，

「有縣尉多係色目，並年小不諳官事，承蔭不識漢兒文字……盜賊滋溢」。

故其部下屬吏，貪墨作惡，自必更甚。又元史（一五九）宋子貞傳說，世祖以前狀態如左。

「州縣之官，或擢自將校，或起自民伍，率昧於從政，甚者專以掊克聚斂為能，官吏相與為貪私以病民。」

況且這「州縣之官，」又參以蒙，色，漢人等，良莠不齊；故世祖初年，官場腐敗，即如此其甚。看中統元年帝下詔書（元典章三聖政二均賦役）嘆息言之，便

可明白。

「濫官汚吏，夤緣侵漁，科斂則務求羨餘，輸納則暗加折耗，以致濫刑虐政，暴斂急徵，使農夫不得安於田里者，爲害非一，吾民安得不重困耶？」

要之，仁宗延祐二年（一三一五年）以前，科舉不行，任用官吏，只由弊竇叢多特別薦舉，所以官吏品質，頗爲惡劣，多不知政治，專以掊克聚斂爲能事。固然舉行科舉，未必立得良吏，又縱不由蒙古色目爲政，而中國官場之腐敗，亦爲政的界之痼疾。惟如前所說，元代官吏品質，既特別惡劣，加以廟堂之上，時有帝位承繼之紛爭，權臣之跋扈，僧侶之專橫，以致地方官之監督驟撻，難以實行。所以全般政綱，甚爲疎漫，官僚豪強，似皆隨意而行。

次爲法制弛廢，究何所指呢？據元史（一〇二）刑法志序，略述世祖仁明，元法寬輕之後接說：

「然其弊也，南北異制，事類繁瑣，挾情之吏，舞弄文法，出入比附，用譎行私；凶頑不法之徒，又數以賴宥獲免。……然則元之刑法，其得在仁厚，其失在緩弛，而不知檢也。」

柯劭忞新元史刑法志序，更進一步說：

『元之刑法，論者謂得之仁厚，失之縱弛，是不然。蒙古初入中原，百司裁決，率依金律，至世祖始取見行格例，頒之有司，爲至元新格，然帝臨時裁決，往往以意出入增減，不盡用格例也。其後挾私用譎之吏，夤緣放效，骫法自顓，是謂任意而不任法，非縱弛之過也。」

這或者更爲確切。原來元代法律，元史刑法志，分爲名例，職制，軍律，戶婚諸部，共一千餘條，依該志序文也所說，大概是根據英宗朝的大元通制的，各方面都頗完備。惟其根本，則一面參考金宋法律，一面加入蒙古特色。又元典章所載各種判例，也是法律材料。然此種法律，能照實際規定，施行與否，甚屬疑問。即有判例也，未必能普徧推行，不過徒示一種模範而已，法律無威權之實例，已經在元代奴隸考述及之，例如俘獲拘捕良人爲奴婢，典質鬻賣人民，或非理虐待奴隸，元律明有禁止，但違犯之者，不一而足，使當時成爲中國使用奴隸之代表時代。又僞造鈔幣，固爲法厲禁，（元史一〇五刑法志僞詐）但事實上，各地行使僞鈔，極其繁盛。卽如前面所說蹂踐田禾，元律（元史一〇五禁令）明明規定如下：

『諸故縱牛馬食踐田禾者者禁之。』

但事實上，視國法等於弁髦者，大有人在。然則元代實爲有政治而無綱紀，有法律而無節制，顚倒雜亂無秩序的時代了。故豪強跋扈跳梁，極度壓迫農民，乃是勢所當然。

再說財政之失敗。財政失敗，爲元朝滅亡之一因。原來蒙古人，理財觀念，素極缺乏，有國之初，利用回鶻人理財，縱以世祖之英明，猶重用阿合馬，盧世榮，桑哥等聚歛之臣，買天下之怨嗟。爾後爲戰亂，崇佛，及賜與之冒濫，國庫益爲匱乏，人民擔負，年年加重；且太宗以來，倣宋金印造交鈔，自世祖之世，卽以此爲統一財政之方針。惟此種鈔幣，原是以兌換爲原則，但事實上，成爲不兌現之紙票。民間信用日薄，僞鈔又續出無窮，人民難別眞假，物價時常搖動，經濟界大感不安，以致宋代銅錢銀錠等，反受人民歡迎利用。（史林第一卷第三號拙稿元代鈔法之得失及其結果）這種經濟界的不安，也大助長豪民猾漢之跋扈。據元典章（二〇戶部六）鈔法（僞鈔）之條，及永樂大典（二六一一）元南台備要（整治鈔法）記錄，豪強以僞鈔而博暴利者，頗爲不少。

至所謂經理敷衍，即田畝境界之整理，不能十分實行，此直接與農業農民，發生莫大關係。元史（九三）食貨志經理之條說：

『夫民之強者，田多而稅少，弱者產去而稅存，非經理固無以去其害。然經理之制，苟有不善，則其害又將其甚焉者矣。仁宗延祐元年，平章章閭言：經理大事，世祖已嘗行之，但其間，欺隱尙多，未能盡實。以熟田爲荒地者有之，懼差而析戶者有之，富民買貧民田，而仍其舊名輸稅者亦有之。由是歲入不增，小民告病。」

世祖之世，曾整理耕地，詳細調查其面積及所屬，但終歸失敗。仁宗延祐元年重行之，作右奏文之章間，親赴江浙，其他如江西，河南等省，也各派官吏，設嚴重規則，再行整理田土，但其結果，據元史（續上引）所說，也歸失敗。

『然期限猝迫，貪刻用事，富民黠吏，並緣爲姦，以無爲有，虛具於籍者，往往有之。于是人不聊生，盜賊並起，其弊反有甚於前者。』

蓋整理田地，爲民政根本，所有賦稅課役等，皆以之爲基礎，故歷代努力於此，有時也收相當成績，惟元代結果如此，徒上奸官豪強之當罷了。這究竟也是由於蒙古人不懂政治；甚至世祖，在財政方面，也終歸失敗。又因爲像經理一類的事，當統一天下之初，缺乏澈底實行的意氣，和充分的準備與努力，反使欺隱百出，大墜朝廷威權。至仁宗之世，更欲確實行之，自然不可能，却益助長奸僞，擾亂小民，弄成賊盜蜂起而已。元史（一九二）說：

「民間田稅之籍多失實，以故差徭不平。」（周自強傳）

「爲郡者，於民間徭役，不盡校田畝以爲則，吏得並緣，高下其手，富民或優有餘力，而貧弱不能勝者，多至破產。」（白景亮傳）

此爲延祐後，泰定天曆時之狀況，及順帝至正年間，天下忽然大亂。所以元代完全弄不出眞正經理，事遂漂沈於似有若無之間了。

由此觀之，元代經理，不能徹底實行，即如前文所謂「富民並緣爲姦。」又如元史（二〇五）鐵木迭兒傳所說，經理須先去貴戚世家之阻撓，換言之，是因奸官勢家，不正當的結托而敗事的。此種弊竇，殆如病入膏肓之狀，雖以國家之力，也無能如之何。張養浩牧民忠告，（戢強）更說得明白。

「夫豪強之所敢折者，由牧民者有以縱之也。何也？與之私交故也。」

而此間之不正，一如前面所引之白景亮傳所說，官吏容勢豪請托，高下其手者，頗爲不少。然同時官吏將校，也有自進而私占田地，私奴農民者，例如：

（至元十三年十二月於江浙）『殘宋官員，有勢力人，每強占百姓田宅產業。』（元典章一九戶部五民田）

（大德五年）『江南各處，現任官吏，於任何所佃種官田，不納官租，及奪佔百姓已佃田土。』（同書同卷影占係官田土）

『東平將校，占民爲部曲戶，謂之「脚寨」，擅其賦役。』（元史一五九宋子貞傳）

尤以蒙古將軍等，俘民佔田，特別衆多。南宋滅亡之際，這種私曲，屢次在各地發生。當時江淮方面人民，恐兵革之禍，流落異鄉，其田地屋宇，盡爲奸官強豪寺觀親戚所占據，其中又多無文憑，比及流民，重還故土，不得復業，以致詞訟繁興，連年不決，元典章（一五戶部五民田）曾詳記其事。又豪霸之家，多雇用舊時官吏或前代軍人，以連絡官憲，或抑壓人民。同書（三九刑一遷徙）說：

（大德七年在江西）『擁富豪霸之家，內有曾充官吏者，亦有曾充軍役雜職者，亦有潑皮凶頑，皆非良善。以強凌弱，以衆害寡，妄興橫事，羅摭平民……交結官府，視同一家，小民既受其欺，有司亦爲所侮，非理害民，縱其姦惡。」這實在是令人痛恨的勾當。此外若列舉此種例子，尚屬不少。惟本應維持政綱，爲民表儀之官吏將校，已自破法汚道，故無責任之私人，爲非作歹，實無足怪。

元代因此種種原因，資本主義之發達不健全，豪強以暴力或枉道之方法，貪取私利，大壓小民，故可稱等爲資本主義，變態之發展。

然則元代，所謂豪強特權階級或資本家，含有什麼樣的種類呢？大別分之爲三：（1）王家之親戚，或直接效忠於國君者，即王公，公主，駙馬，官吏，將校等；（2）受朝廷特別尊信之僧道等；（3）前代官吏之家，豪商及大中小地主等。

以上（1）王公將吏，特別是王公，駙馬，公臣等，更蒙朝廷寵命優渥，此是由於未開化之游牧民族，特有之封建思想。其在諸外藩，即諸汗國，則分別賜與廣大領土，使其任意統治；其在中國內部之諸王公駙馬等，大抵亦授地附民，歲賜財物。元史（九六）食貨志歲賜條之序文說：

『自昔帝王於其宗族姻戚，必致其厚者，所以明親親之義也。元之為制，其又厚之至者歟？凡諸王及后妃公主，皆有食采分地，其路府州縣，得薦其私人以為監，秩祿受命如王官，……調其賦，則五戶出絲一斤，……其歲賜，則銀幣有差，……及世祖平江南，又各益以民戶。……至於勳臣亦然，又所以大報功也。』

次記太祖叔答里眞官人位，歲賜銀三十錠，段一百匹，五戶絲甯海州一萬戶。——延祐六年，實有四千五百三十二戶，計絲一千八百十二斤，江南戶鈔南豐一萬一千戶，計鈔四百四十錠，以下諸王公六十二家，勳臣九十八家，歲賜屬戶等。屬戶多者為阿里不哥之五戶絲眞定八萬戶，定宗之大名路六萬八千五百餘戶，其餘一二萬戶者，指不勝屈。而且元史，不消說，大約說是舉其主要者言之。此外賜與一般蒙古將吏，也必相當衆多。然而此種王公將吏，皆生長於物質貧乏之游牧地，一躍而昇入中國貴族階級，暫時雖覺得滿足；但不久就發揮其貪婪無饜野心，以種種名義，徵收屬戶金品，造成鉅萬之富。至若王公等，冒占民地，招致民戶，爲其部下，如前面說，是彼等橫暴之一面。又二十二史劄記（三〇）『元代以江南賜臣下』一文，列記鄭溫受常州田三十頃，並舉許多例，而謂此乃宋末官地，易於賜與。然江南戶鈔，分給諸王公，非常衆多。故江南物質，雖如何豐富，而人民負擔，實是重大了。要之，元代對於王公功臣等之賜與，比較歷代貴族，更爲優遇，正如前文所謂『誠可謂厚之至矣。』又當時官吏將校等，概無政治智識，道德訓練，專以掊克爲事，此亦如前面所說，此等人，大約也多行不義，以致其富。

（2）僧道。僧道之橫恣，甚至被認爲元朝滅亡主要原因之一。陔餘叢考（一八）『元時崇奉釋教之濫』一文，已叙其大概。元史刑法志序說如下：

『至於西僧，歲作佛事，或恣意縱囚，以售奸宄，俾良善者，暗啞而飲恨，識者病之。」

此指喇嘛僧而言，但其他普通佛僧道士等，受朝廷待遇，也比較隆厚。政治上，宣政院以下各官衙，僧俗並用，經濟上，寺田廣大，且免除課稅。因此他們常以個人或寺觀名義，擁着鉅富，壓迫下民者，頗爲不少。玆據元史，擇錄其最要者如左：

（仁宗紀大德九年）（十月辛丑）『常州僧錄林起祐以官田二百八十頃，冒爲己業，施河西寺，勅募民耕種，輸其種於官。』

（成紀延祐六年）（九月乙卯）『白雲宗攝沈明仁，強奪民田二萬頃，誑誘愚俗十萬人，私賂近侍，妄受名爵。』

（同上七年）（正月辛丑）『白雲僧沈明仁，擅度僧四千八百餘人，獲鈔四萬餘錠，既已伏辭，今遣其徒沈崇勝潛赴京師，行賂救援。』

（泰定帝紀泰定四年）（九月丙申）『禁僧道買民田，違者坐罪，沒其直。』

（順帝紀至正七年）（十一月甲辰）『發山東土地二千餘頃，屬大承天護聖寺元典章（三聖政二）關於賑飢貸欵的大德十一年至大二年詔書內，也說及僧道占據山塲河泊關津橋梁等，爲人民之害。

（3）前代官吏之家，大中小地主及豪商（豪商大抵兼大地主）等之普通資本家，各地極多，主要的爲漢南人，次爲色目人，其中有如元史武宗紀至大二年（十月庚戌）所紀之大富豪：

『樂實言：江南治平垂四十年……其富室有蔽占王民奴使之者，動輒百千家，有多至萬家，其力可知。』

元典章新集（戶部差發）敘江南富豪：

『田多富戶，每一年有三二十萬石租了的，占著三二千戶佃戶，不納係官差發，他每佃戶身上，要租了重的，納的官糧輕』

此種富豪，大抵於自己廣大領土內，配置役員，監督佃戶，徵收賦稅。（元史一六三張雄飛傳）欽定續文獻通考（一田一賦）至元末年，趙天麟上書謂：

『今江南豪家，占農地，驅使佃戶，無爵邑，而有封君之貴；無印節，而有官府之權，恣縱妄爲，靡所不至。貧家樂歲終身苦，凶年不免於死亡。荊楚之域。至有雇妻鬻子者，衣食不足，由豪富兼併故也。』

這便是簡明地道破富豪之橫暴的。趙氏甚望匡正此弊之限田制，能夠實施，惟終元之世，不能行之。右引三文，皆就江南富豪爲言，該地方之富豪，所以特別衆多，約有數因，（一）爲物資豐饒，（二）爲宋末兼併之弊，趁革命混亂時，更高一層，——例如元史世祖紀載滅宋之至元十三年末（十二月庚寅）之詔書說：

『凡管軍將校，及宋官吏，有以勢力奪民田廬舍產業者。』

（三）爲遠離大都，且人性矯健，政府監督弗及；（四）爲江南民戶，負担國賦，比江北較輕。

以上專就富豪或大地主言之。惟他們於各地，爲數有限，反不如中小地主，盤據各地之多。且其搾取方法，比諸富豪，更加嚴密深刻者，時常有之。他們時或聯合勢力，極度壓迫小民。元史(一九二)所說，正是極好之例。

(贛州路)……『豪民十八號十虎，干政害民。』(楊景行傳)

(建寧路崇安縣)……『區別其土田，名之曰都者五十，五十都之田土，上送官者爲糧六千石　其大家以五十餘家而兼五千石，細民以四百餘家而合一千石。大家之田，連跨數都，而細民之糧，或僅升合，有司常以四百之細民，配五十大家之役，故貧者受役旬日，而家已破，』(鄒伯顏傳)

贛州建寧，賴楊鄒二人之努力，小民得免受禍害，惟此乃是特別之例，故良吏傳大書特書，想當時反乎此例者，諒必不少。

似此豪強之種種惡事，見於紀錄者亦多。如前所說，他們鑽營勢利，必以連絡官憲爲第一急務，故元典章(五七刑部十九)禁豪霸之條所說：

(至大四年)『江南三省所轄之地，民多豪富兼併之家，第宅居室，衣服器用，僭越過分，逞其私慾，靡所不至，重其財賄，結托上下，專令子孫弟姪，華裾躞馬，從朝至暮，相隨省官，窺伺所欲，競爲諂陷。』

遣子弟跟隨官吏，使之視意行賄，或贈賂權貴，自爲府縣卒吏，以免差賦。（元史祖紀二十八年一月壬戌）又常欺蒙官廳，以圖減輕賦役，（元典章一九戶部五民田之中漏報自己田土多詭名避差）元史（一七七）吳元珪傳說：（皇慶五年）『江南殷富，蓋由多匿腴田，若舉行檢覈之法，當益田畝累萬計。』大元典制雜記（大德五年省臣之言）及東維子全集（二四兩浙轉運司書吏何君墓誌銘）也有同樣紀錄。又有買田而故意不呈報，因無官據而免賦稅，使貧困賣主反負「田去稅留」之苦痛者。（元典章一九戶部五典賣及元史食貨志經理）而富戶投充於諸王駙馬等，或爲運糧水手及僧道等，以免賦役者，亦常有之。（元典章二五戶部一一影避）其他所作惡事，如侵占官地公水等，則見於元史世祖紀：（至元三十一年）（十二月甲辰）『中書省臣言：江南官田，爲權豪寺觀，欺隱者多。」

（至元二十二年）（七月己巳）「中書省臣言：以江南隸官之田，多爲豪強所據。……」

此外於同書河渠志之通惠河練湖，同書（一三〇）徹里傳，同書（一九二）耶律伯堅傳及元典章（三聖政二）等，其例甚多，尤以侵占河湖，妨害交通灌漑，或造成洪水，大爲害於社會。而元史成宗紀大德六年，（正月乙巳）更有他們強占民田之紀錄。

「帝語台臣曰：朕聞江南富戶，侵占民田，以致貧者流離轉徙，卿等嘗聞之否？台臣言曰：富民多乞護持璽書，依倚以欺貧民，官府不能詰治。」

同書（一七三）燕公楠傳，同書（一九五）蓋苗傳，及元典章（一九戶部五荒田）也有同樣記載。可知豪強之占民田，必盛行於全國。且其持璽書，欺壓官民，尤見其行爲之惡辣。然據道園集（七）張忠獻公碑文所說，則富豪之家，亦有盛衰興亡，循環不已者。

『夫國家建元以來，至於今，治平七十年矣，京師貴富之家，興替消長於歲時旬月之間，何可勝數。』

但終元之世，資本家之橫暴，殆達於極點。他們聯絡將吏，狼狽爲奸，使上而政府，下而人民，皆無如之何，誠可謂置社會於近乎全無紀綱，而以實力爲本位之狀態了。

第五節　農民窮迫之實狀

據以上所說，元代朝廷之獎勵農業，保護農民 是形式上工夫，實效殊鮮。反之，蒙古將卒等橫蠻地蹂躪田禾，沒收田土 及王公將領僧道官僚等特權階級，或豪商富農等資本家，互相提攜，或單獨進行，悠意剝削，致使小民生活困苦，殆達於極度。然則他們困苦實況究是如何？現在不能不就小民方面，加以研究。

先就公賦言之。元代一般農民，負擔國家賦役，比其他時代，尚不見特別苛重元史（九三）食貨志稅糧科差之部，紀載元代稅法，係取法於唐；而江北之地，採用租庸調辦法，徵取地稅丁稅。地稅每畝粟三升，丁稅每丁粟三石，驅丁一石。江南之地，秋糧初徵米三分之一，餘則爲鈔；至於夏稅，自成宗之世，則徵收綿絹布等，此蓋取法中唐後，夏稅秋糧之制。又力役之征，即「庸法，」特名爲科差，分爲絲科（每二戶絲一斤）包銀（漢戶四兩）二種，但其內容，更有種種區別。元代賦役，依時依地，而有輕重不同。中元以後，大概稅目課額，皆已增多。又江浙，江西，湖廣三省，稅糧雖然稍重；但江北之地，物產少，附捐多，人民反比江南爲苦，況依前所說，財政方面，繼續失敗，諸路拘扣錢穀極多，人民之負擔也頗大。然若通觀全體，則元代以行放慢政策之結果，比前宋後明之繁苛，是寬輕幾分。例如官田，一切夏稅，概行免課。惟官吏徵稅，實際上，附加財物極多，非常刻薄。

次就私租言之。私租，即佃租問題。元代佃租，比諸歷代，頗爲苛重，小民非常苦惱。所謂佃，即是佃權佃租之問題。此問題在中國今日，猶成農村問題中最重要之中心。佃權分有永佃，定期，不定期三種，但皆由地主意志，不必依照約定而行。佃租以納物爲主，補之以貨幣或工作。但亦無正確定額，在種種名目之下，隨時徵發者頗多。貪官汚吏之暴斂，大抵爲佃民負擔，且如土匪流氓，亦爲惡地主所収買，屢刼掠佃戶，故佃民爲何而勞作，殆莫明其妙。惟此種狀態，也不始於近代，自古以來，已不斷地發生。漢書（二四上）食貨志董仲舒上書，叙佃民困窮如下：

「或耕豪民田，見稅什五。」

此種佃稅，比當時「三十而稅一」（同書同卷）之官租，正當十五倍之多。降及唐代，據前引陸贄上疏（新唐書五二食貨志）說：

「京畿田畝，稅五升，而私家收稅，畝一石。官取一，私取十。」

當時兩稅，即官租既比古加重，佃租之率，也比漢增大。究竟世運日進，貪婪地主，漸附種種名義，加倍佃稅。此在政綱稍振之世，政府尙不能干涉到佃租關係的微妙之點，今元代如此混亂，政府更不處罰及之，自必放胆，實行剝削了。

關於元代佃權移動之史料，甚爲缺乏。惟輟耕錄（一三）釋怨結婚條，有揚州泰興縣佃民，因貧窮想轉質佃地於他人，而不果之紀錄。所以佃權轉移，大概實行上，非常困難。至於佃稅，即在今日，也依地方依地主而區別，沒有一定，故在元代佃稅之率，當然不明，惟觀朝廷屢下輕減之令，則其苛重，似頗普徧。元典章（三聖政二）載減私租，至元二十三年二月，世祖詔書說：

「江南有地土之家，召募佃客，所取租課，重於公稅數倍，以致貧民缺食者甚衆。今擬將田主所取佃客租課，以十分爲率，減免二分。」

似此減少私租二分之命令，至元二十年，至成宗大德八年，前後二十一年間，反復三度。可知實行，極爲困難，而這裏所謂減少二分，也是空口白話的。同書（一九戶部五種佃）更載大德八年，江浙行省上奏語：

「江南佃民，多無己產，皆以富家佃種田土分收子粒，以充歲計。若值青黃未接之時，或遇水旱災傷之際，多於佃主之家，借債貸糧，接缺食用，候至收成，驗數歸還，有田主之家，當念佃戶借貸口糧，揭取錢債，不須勒令，多取利息，方才應付，或於立約之時，便利添答數目，以利為本。才至秋成所收子粒，除田主分受外，田戶合得粮米，盡數償之，還本利更有不敷，抵當人口，准折物件，以致佃戶遷移，土田荒廢。」

這是記敘當秋成之際，佃戶納佃税外，爲支還田主借金母利，以致破產流離的者。又同書（五七刑部一九禁典）紀載至元十九年御史台的所說：

「切見江南富戶，止靠田土，因買田土，方有地客。所謂地客，即係良民，主客科派，其害甚於官司差發。若地客生男，便供奴役，若有女子，便為婢使，或為妻妾。……峽州路判官吏擇善呈：本路管下民戶輒敢將佃客，計其口數，立契或典或賣，不立年分，與買賣牲口無異。間有略畏公法者，將些小荒遠田地，夾帶佃戶典賣，稱是隨田佃客。公行立契，外另行私立文約。……又有佃客，男女婚姻，主戶常行攔當，需求鈔貫布帛禮數，方許成親。其貧寒之人，力有不及，以致男女怨曠，失時淫奔傷俗。……前項事理，即係亡宋弊政，至今未能改革，南北王民，豈有主將，佃戶看同奴隸，役使典賣，一切差役，皆出佃戶之家。』

此表示田主役使佃民，買賣佃民，或干涉其婚姻之種種不法非道行爲。在此情況之下，縱偶以朝廷恩命，減免地方租額，而佃戶自然受不到絲毫實惠。恰如引前元史成宗紀（至元三十一年十月辛巳）所云『今所蠲，特及田主，其佃民輸租如故。』

然而同爲佃戶，僅官田之佃戶，頗能受到減租恩典。（元史英宗紀至治二年十一月己亥）又官佃輸租，也頗寬大，元史（九三）食貨志稅粮方面，曾有官田免課夏稅，開墾荒地，免租二年，大德四年後，更再優延一年之紀載。惟實際上，官田之監督者，上下其手，佃民受實惠者亦少。納租之大部，徒爲監官所中飽。又職田雖介在官田私田之間，實際上，殆與私田無異。蓋職田田主，乃是官吏，徵收佃租，比私田尤重。試觀元典章（一五戶部一職田）皇慶二年，江西廉訪司上書所說：

「官挾其勢，民畏其威，無田虛包者有之，逃亡開納者有之，影避差徭原輸者有之，掊斂加要輕貴者有之，人有貧乏，時有旱澇，官稅私租，俱有減免之則例。獨職田子粒，不論歉多，是全徵，豈親民之任哉？」

職田全徵，固明白言之；而官吏威嚇人民，尤顯然可見。再關於職田收租方面，元典章新集（戶部職田）曾舉至元二十四年，江西袁州路萬載縣爲例，謂：各官徵收職田佃租，每畝上等米六斗，附加斗面米三升五合，鼠耗米三升五合，及水脚稻藁等錢。且巡視所到，要求雞酒，另取鈔五兩十兩不等。故職田佃戶，不堪其苦，多逃亡四方。同書又說：

「緣民戶所佃職田，係亡宋不堪耕種田土，比及歸附以來，所納米石，加增數倍。』

由此觀之，此種稅目酒錢之徵收，自職田以及私田，也同樣行之。且不消說，也比宋代加苛酷一層了。

要之，對於佃租及其他私租剝削，當時法制，無何等限制，不過朝廷出些私租減額之官樣文章而已。所以職田所有者及一般地主，常用暴虐方法，強徵榨取，幾無所不用其極，佃民對此，殆無何種組織，發生什麼團體運動，擁護自己的利益，一味屈從資本家的所爲，似乎以天災，爲人類罪惡之懲罰，（元典章三聖政二霈恩宥至大二年十月詔）而對於強豪和有司的所爲，也大都認爲無法與之計較。然而佃民，無論如何屈從，惟於人禍天災，紛至沓來，到底也有不甘屈伏之時。

原來元代戰爭，自世祖平定江南後，內地暫告終止，惟日本及安南占城之征，滿洲乃顏之叛，蒙古海都之亂，接踵而起。絡帝之世，三十餘年，殆無寧日，及成宗即位後第七年，始漸平海都之亂。但武宗之世，南蠻反叛；明宗之時，湖廣猺賊寇邊；迨及文宗，湖廣河南又發生變亂：順帝之時，亂事尤甚，留後述之。因此元代一百年間，殆與內憂外患，相爲始終，農民田園被蹂躪，財物子女被刼掠，甚而被徵發於邊防或外征，實蒙莫大之痛苦。且當時天災，又極流行。元史（五〇及五一）五行志列舉水旱蝗震疫病等災，不下幾百次。若以南北地方分之，則疫病爲南北共有，惟洪水旱魃霖雨霜雹蝗虫等，中原特多。因而紀載饑饉及餓死之文字，特於北方爲多。惟此種現象，並不起於元代，據史紀貨殖列傳記載，漢代已有之。

『江淮以南，無凍餓之人，……沂泗以北，……數被水旱之害。』

蓋以地勢氣候及土產，使之然也。然則江北諸地，宋元之際，既是氣候惡，物產少，且經遼金及蒙古三百餘年，北狄侵入，戰禍不絕之苦，加以天災薦至，遍地荊棘。因而住民（特別是農民）繼續徙移於蒙古魔力弗及而天惠富災害少之江南，乃爲自然趨勢。今據元史紀載，例舉於左：

（至元九十年）（九月丁己）『賑眞定饑民，其流移江南，官給之粮，使還鄉

里。（世祖紀）

（至元二十年）（上書十八事內）『十一日，內地百姓，流移江南，避賦役者，已十五萬戶。去家就旅，豈人之情？賦重政繁，驅之致此。』（一七三崔或傳）

（同年）『江南既定，中原之民，相率南遷，以避徭役者，十八九。』（欽定續文獻通考戶口考刑部尚書崔彧言恐怕與前者根據同樣之材料）

（同二十三年）（四月壬子）『以漢民就食江南者多，又從官南方者，秩滿而多不還，遣使蓋徙北還，仍設脫脫禾孫於黃河江淮諸津渡，凡漢民非齎公文，適南者止之，爲商者聽。』（世祖紀）

（同二十六年）『朝廷以中原民轉徙江南，令有司遣還，忙兀台言其不可，遂止。』（一〇三忙兀台傳）

此爲南宋滅亡後十餘年間，許多漢人南徙，及差委於南方之官吏，不願北歸之事實；這種事實，不獨元初如此，即元之中葉，亦莫不如此。試觀元典章（六台綱二體察）延祐四年御史台奏文所說，即可瞭然。

「南台文字裏說將來腹裏百姓爲飢荒的上頭，流移的來江南，隆興，袁州，建康，太平，寧國等路分裏，千百成羣，騷擾百姓，搶奪錢物，鬥打相爭，傷死流民男女九人。」

移民數目，雖不如元初之多，但終元一代，徙移不絕，可知「脫脫禾孫」——番人之制止，也不發生效力。桑原博士著從歷史上觀察中國南北文化一文（白鳥博士還曆紀念東洋史論叢載）根據元史地理志，總計南北戶口，成北一南九之比。而通覽中國史，明快地叙述其理由，謂南方人口，旣比北方，如此其多，推源其故，雖由於六朝唐宋以來，種種變故，但元代環境，大有以促進之，自無置疑餘地。

此外只據元史世祖紀，至元十九年，（八月辛亥）二十八年，（三月己亥）仁宗紀皇慶二年（七月癸己）明宗紀天曆二年（正月丙戌）同年（七月壬申）及同書（一二二二）塔海（一二二三）召烈台抄兀兒（一二二四）李禎（一五九）宋子貞（一八八）董搏霄（二〇五）盧世榮諸人傳所說，中原住民，爲飢饉洪水惡政戰亂等，流移四方者頗多。此雖未明言必移住於江南，惟除朱子傳明記北徙者外，大約不是移於南方，便是移於江北的另一地方。但反之，也偶有江南人轉徙之例。如元史世祖紀，謂至元二十七年（十月丁丑）江陰寧國人民四十五萬，因大水爲患，流徙四方。及同書（一二三）哈八兒禿傳紀，瑞安（今浙江）人流徙之事。元史如此斷片的流移民記載，特以中原爲多，吾人前說江北居住之困難，於此得一補足說明。總而言之，北方寂寞，逐年增加，發生許多荒地，這是不能否認的。且元史世祖紀至元二年（五月乙酉）十六年（二月乙未）二十年（十月癸卯）及成宗紀大德四年（十一月壬寅）述：河南河北山東兩淮地方，日就荒蕪，實亦說明此事。

因此中原地方，次第寂寥，荒田增加。反而江南戶口，年年滋殖。然新移住南方人民，生活上，果眞安享幸福否？此亦未必。原來元代江南之所以大發展，是因承南宋餘勢，與南海貿易特盛，再加以前述事項之種種原因，考之元史地理志，戶口之多，尤以杭州，嘉興，平江，慶元，温州，台州，寧國，饒州，福州，泉州，廣州，天臨，(長沙)諸路爲最盛。馬可波羅及西人遊記，也詳述廣州，泉州，杭州等之繁華狀況。所以詩人有『江浙豪奢之地。』(元史一四三自當傳)『江南殷富』(元史一七七吳元珪傳)之稱，同時風俗人情，亦頗呈淫靡之觀。(輟耕錄三一松江之變)然在江南美地，享豪奢淫逸之快樂生活，實非多數民衆，乃係豪商大地主官僚將校，及都會一部分住民，僻鄉農村之貧民，尙斗量車載。元典章(三聖政二減秋租)至元三十一年，杭州官吏之報告如下：

『蠻子百姓每，不似漢兒百姓每，百富戶每有田地。其餘他百姓每無田地，種著富戶每的田地。』

又前引同書，(一九戶部五種佃)所謂『江南佃民，多無己產，皆以富豪佃種田土，』可知江南之地，形成少數大地主與多數佃戶之二階級，互相對立。如江北之半自作農之中產階級，江南殊不多見。果其如此，則貧窮佃戶，江南自比江北爲多。故草木子（三上）所謂『貧極江南，』即指此而言。蓋江南雖為富庶之區，惟承宋代遺下弊竇，及王靈弗及之地，以致豪強權貴，跳梁特甚，不健全之資本主義發達，佃民多受壓迫。元史（一三六）拜住傳說：

（大德十一年）『夏六月，拜住以海運粮，視世祖時，頓數倍，今江南民力困極，而京倉充滿。』

海運穀粮，為江南諸省農民負擔，此為江南疲弊之一因、若說明海運，非片言所能盡。要之，自南方至元首府大都，（今之北平）每年由海道，轉運若干米北上。惟於世祖至元二十一二年，每年米額，不過二三十萬石。至大德十一年，乃增加數倍，為百七八十萬石。中元之際，更增至三百五十餘萬石以上。（元史九三食貨志海運）此外出征日本及安南，依然自江南解送許多粮餉。此種徵發，也殆由佃民負擔。據元史食貨志，舉有稅粮，科差，歲課，茶法，市舶等課目，則江南諸省，賦稅之重，不言可喻。元典章（二一戶部七押運）至元二十四年行御史台咨說：

「江南稅戶，自歸附以來，日益凋瘵。」

元史（一八三）蘇天爵傳說：

「江浙財賦，居天下之十七。」

足見江南地方，尤其是江浙，負擔賦稅，比他處為重。蓋江浙地質肥沃，物產豐富，居民衆多，非他省所比。惟如此重賦，實予江浙民衆最大之痛苦。而元代之所以居然課此重賦，即因其為南宋故地。明丘濬大學衍義（二四經制之義）謂：「唐代江南賦稅，居天下十分之九。」惟此乃因安史亂後之特別情形；明代江浙之賦，尤比元代為重，蓋亦以明初張士誠，曾據此以抗太祖之故。（五雜俎四日知錄一○）元代江南賦稅，雖比唐明稍輕，惟予此只關於國稅方面。至於佃民私租，反比公租增加數倍。故佃民實際負擔，即謂為比其他時代為重，也不至大錯。因此，中原的農民，即因貧而流移到南方，結果也只有加入這種最痛苦的佃民之羣，或為南方都市貧民，每日傭工，從事於下級勞働，或如前引元典章延祐四年所謂「千百成群，騷擾百姓搶奪錢物，鬥打相爭』之狀態而已。南移者，欲享幸福的新生活，想是難以達到的。

如此情況，江南小民生活，也帶着巨大的痛苦。但在中原，也未必好過，例如元典章（三聖政二均賦役）大德十一年八月詔書所說：

『尙念大江以北，百姓供給繁勞。』

又如同書（同卷）所載，有大都，宣德，雲州等賦斂繁重之詔書，再如前說：中原是個戰亂大災最多之地，加以當時地主，無論南北，對待佃民，殆如奴隸牛馬一般。元史武宗紀至大二年樂實云：『其富室，有蔽占王民奴使之者，動輒百千家，有多至萬家者。』元典章新集（刑部諸毆）也於『富貌打搗佃戶，』『富強殘害良善』題下，記着虐待佃民的事，特別是殺伐成性之蒙古地主，當然蔑視佃民人格，全使之爲農奴，如家畜一樣待遇。由此觀之，無論江南江北，决無多數農民安適生活之地。故紀錄他們生活痛苦之史料，傳至今日，頗爲不少。就中尤以輟耕錄

（一三）檢田吏之七古詩，描寫他們苦痛，眞切如畫，最爲精采。特錄之于左：

有一老翁如病起，破被襤毿瘦如鬼；曉來扶向官道傍，哀告行人乞錢米。
時予奉檄離江城，邂逅一見憐其貧；倒囊贈與五升米，試問何故爲窮民？
老翁答言聽我言：我是東鄉李福五，我家無本爲經商，只種官田三十畝，
延祐七年三月初，賣衣買得犁與鉏，朝耕暮耘受辛苦，要還私債輸官租；
誰知六月至七月，雨水絕無湖亦竭，欲求一點半點水，却比農夫眼中血，
滔滔黃浦如溝渠，農家爭水如爭珠，數車相接接不到，稻田一旦成沙塗。
官司八月受災狀，我恐徵糧吃官棒，相隨鄰里去告災，十石官糧望全放，
當年隔岸分吉凶，高田盡荒低田豐，縣官不見高田旱，將謂亦與低田同。
文字下鄉如火速，逼我將田都首伏，只因嗔我不肯首，却把我田批作熟。
太平九月開旱倉，主首貧乏無可償，男名阿孫女阿惜，逼我嫁賣陪官粮：
阿孫賣與運粮戶，即日不知在何處？可憐阿惜猶未笄，嫁向湖州山裏去！

我今年己七十奇，饑無口食寒無衣，　東求西乞度殘喘，無因早向黃泉歸。

旋言旋拭腮邊淚，我忽驚慚汗沾背，　老翁老翁勿復言，我是今年檢田吏！

右詩是曾爲松江椽之袁介（字可潛）所作。名爲踏災行，歷敍松江路管內東鄉一農人之經歷及其窮迫，以至賣子乞食情況，而同時檢官之刻薄及家庭流離慘狀，亦充分地暴露出來。似此苦況，元仇淵之金淵集（一）寄錢庾親舊五言古詩中，也有如下之句：

「時艱士失業，十家九寒飢；豈無禹稷思，大薄願乃違？」

詩中所謂士，不一定是士大夫之士，大約是指普通士民而言。農民苦惱之餘，典賣子女，前舉長詩，也曾言及，而拙著元代奴隸考一文，尤詳其狀況，今暫從略。

迨至元末，天下大亂，各地農民，更遭非常危機。順帝至正八年（西歷一四四八年）方國珍舉兵以來，四海鼎沸，長江大河，沿岸一帶平原，變成混亂戰場，經二十年之黑暗時期，及至正二十八年，元亡明興，始漸結束。元史（一八六年）張楨傳敘大亂當中，官兵腐敗及江北各地荒寥狀況如左：

『臣伏見調兵六年，初無紀律之法，又無激勸之宜，將帥因敗爲功，指虛爲實，大小相謾，上下相依，其性情不一，而邀功求償則同，是以有覆軍之將，殘民之將，情懦之將，貪婪之將，曾無懲戒，所經之處，雞犬一空，貨財俱盡，及其面諛遊說，反以克復受賞。今克復之地，悉爲荒墟，河南提封三千餘里，郡縣星羅棊布，歲輸錢穀，數百萬計，今所存者，封丘延津登封師偃四縣而已。兩淮之北，大河之南，所在蕭條。（以上大亂初上書）……今燕趙魯齊之境，大河內外，長淮南北，悉爲丘墟，關陝之區，所存無幾，江左日思荐食上國，湘漢荊楚川蜀，奪名借號，幸我有變，利我有虞。』（至正二十四年與反將孛羅帖木兒回信）

同書（一八三）王思誠傳，也敘及討賊諸軍官，溺職妄爲，而草木子（四上）

也紀蒙古色目諸官吏，貪贓枉法，尤爲詳盡。在此情況之下，寇賊自然趁火打劫，越發猖獗了。元史（一八六）成遵傳，述當長江沿岸及河南附近狀況如左：

（至正）『十四年（遵）調武昌路總管，武昌自十二年爲沔寇所殘燬，民死於兵疫者十六七，而大江上下，皆劇盜阻絕，米直翔湧，民心遑遑。……十五年……河南之賊，數渡河而北，焚掠郡縣，上下視若常事，遵率左右司僚佐，持其牘詣丞相言曰：今天下州縣，喪亂過半，河北之民稍安者，以天塹黃河爲之障。……今賊北渡河，而官軍不禦。』

此外輟耕錄（卷八）紀至正間，各地騷亂，農民子女財物，被侵掠者，頗爲不少。老苗（一〇）越民考（一一）女奴義烈，（二九）紀隆平等，是此種事之代表，尤以紀隆平所說，最爲明白，

（至正十五年十月，）（官軍在高郵附近與張士誠軍攻擊）『分兵破天長六合，賊（張軍）皆潰散，所殺者悉良民。』

（同十六年正月）『攻破常熟州，江南自兵興以來，官軍死鋒鏑，郡縣荐罹饑饉，鄉村農夫，離父母，棄妻子，投充壯丁，不習兵而驅之死地，以故烏合瓦解，卒無成功，……旋抵松江，士誠賊衆，纔三四千人，長驅而前，直造北門，弓不發矢，劍不接刃，明且緣城而上，遂據有平江，二月壬子朔也，刼掠姦殺，慘不忍言。』

據以上紀載，可知當時南北各地，農民逢此戰亂，是如何苦惱了。但是江南為人煙稠密之地，尚無急轉直下，變成寂寞之趨勢，獨江北如前文所說，自然滿目蕭條，受了非常的打擊。中原荒蕪，本是二三百年前之事，自遼金侵入後，荒蕪日甚，再經金末，蒙兵入寇，越發厲害，元史（一五三）劉敏傳，敍憲宗末年，中原狀態如左：

『但中原，土曠民貧』

前既述中原之民，流移南方者，繼續增多，更經至正之大亂，中原地方，自必日就寂寥。當時學者楊維楨之鐵崖逸編注（七）和盧養元書詩二首之一說：

『中原烟火半邱墟。』

明末顧炎武日知錄（一〇）開墾荒地之條亦說：

『明初承元末大亂之後，山東河南，多是無人之地。』

自元以後，明清二代，六百年間，發生促成中原荒廢的大事雖少，但至今日，北方倘不能恢復安史亂前之盛況，未始非由於元代，空前殺伐，有以致之。

第六節　結論

如前所述，元代農民，無論在中原或江南，既受王公駙馬官吏將校及一般資本家之榨取，又受戰禍天災之苦，生活上，殆無快樂可言，然則此種結果，究竟如何，茲略分四五方面言之。

第一：是百姓暴民發生大規模的暴動的勃發。前說農民受豪強橫暴無理之壓迫，大抵低首屈伏，似無知覺一般；尤其是當時政府，在征服世界之蒙古人手中，縱如何憎恨夷狄，而欲剷除暴政，也是螳臂當車，無濟於事。故感懷壯志之漢民，皆飲泣吞聲，忍隱屈伏。然而無論怎樣地無感覺，怎樣地屈伏，也不能永久忍耐，語云：「一寸虫，尚有五分魂，何況於人？」故農民時機一到，也會概然奮起，與壓制者拚命。例如元中葉仁宗延祐二年，江西贛州路蔡五九，起而作亂，就是百姓暴民的一種民族獨立運動。元史仁宗紀（同年）說：

「八月丙戌，贛州賊蔡五九陷汀州寧化縣，僭稱王號，詔遣江浙行省，平章張驢等率兵討之。……乙未台臣言：蔡五九之變，皆由昵匝馬丁經理田粮，與郡縣橫加酷暴，逼抑至此。新（或者爲信）豐一縣，撤民廬千九百區，夷墓揚骨，虛張頃畝，流毒居民。乞罷經理及冒括田租。制曰：「可」。」

據此，則蔡五九叛亂，全爲經理問題。即當整理土地之際，官吏撤去住宅墓地，虛張頃畝，大威脅農村生活，有以激成之。此種變亂，雖不能說是幸或不幸，總算止於地方小事，而不至擴大，然而元末順帝時之亂，却成爲天下大亂了。當時朝廷，連年帝位紛爭，權臣跋扈，因而國政大亂，加以僧侶橫暴，國家多故，以致財政益困，威令不行，頗爲顯明。惟直接予下級人民之刺激者，乃是法政廢弛之際，豪強專橫之增長，天災禍害之頻興。元史順帝紀，謂帝自即位後，各地災害併至，至元三年，（一三三七年）廣東河南盜賊騷擾，翌年漳州袁州民變；至正元年，（一三四一年）湖廣燕南山東反叛，至正四年，山東鹽徒作亂，翌五年正月參議中書省事陳思謙說：

「所在盜起，蓋由歲饑民貧。」（順帝紀）

在這種情形之下，縱朝廷稍爲振恤蠲免，當然亦無濟於事。且至正六年，京畿、山東、遼東、陝西、福建、河南又告變亂，至正七年，亂勢益甚。八年，方國珍遂舉兵於台州，蕩蕩中原，乃蹈於擾攘鼎沸之狀。據明史（一二二至一二五）列傳紀載，元末各地羣雄之履歷，大抵皆下層無產階級。河南韓林兒韓童山爲妖教師，湖廣徐壽輝爲販布者，他的部將陳友諒爲漁夫，江蘇張士誠爲運鹽舟子，浙江方國珍爲販鹽者，安徽郭子興爲算卦先生之子，他的部下朱元璋（明太祖）爲寺中小僧，而兼遊食者，四川明玉珍爲遊俠客，福建陳友定及朱元璋部下徐達爲農民，常遇春爲盜賊。換言之，此時之叛亂，乃是極度被壓迫者，一齊反動，起而爲革命鬥爭。而參助之者，多數是農民。所以此次革命運動，應認爲百姓暴民之偉大。處此亂動中之學者楊鐵崖于東維子文集，（一〇）述當時狀態如左：

『浮屠氏脫兵而遺者，十不一二，微賤勤力，瘦於上，農夫髻版築，於萬萬計。』（送象九溆序）

『海內兵變，三教之厄，浮屠爲甚，……幾與會昌之厄等。』（送儀沙彌還山序）

平素免役優游，沒收民田，及虐待佃戶之僧侶，此時大被復仇，受如此慘狀。

原來中國農民運動，大抵起於朝廷威力衰微，地方統制疏懈之時，其主動者，或指導者，爲鳴不平之官僚軍閥，或爲游俠好事之徒。不然，就是妖教師，而其大部分軍隊，不消說就是農民，尤其是貧農。他們當打倒朝廷的事前事後，必定襲擊各地官衙寺觀，或土豪劣紳邸宅，恣行劫掠；又有僅行如此劫掠及殺戮，即被其他強大部隊壓倒，或內部自行瓦解者。此等之運動，殆全部着眼於利己，無團體組織及訓練，以達到眞正福國利民之高遠理想，故破壞之後，毫無建設，打倒甲之官僚，乙之豪強，不久，又產生丙丁特權階級，搾取階級，結果，終於社會毫無進化，民衆毫無幸福。即如滅元而興之明朝，雖已除掉多年受異族暴虐之苦，得到漢族的獨立成功，但同胞相食慘狀，或者甚於前代。試觀明史食貨志、日知錄明夷待訪錄等書，到處皆可發見明代社會腐敗，民衆疾苦狀態之紀錄。

第二：人民之流移。如前面所說，北人移到南方，或同一地方，由平原移入山間，由農村移入都市，謀開拓生活上新鮮之途徑。或無特別目標，隨便移動者，頗爲不少。此種移流民，成爲資本家之奴婢，而淪爲勞働者有之；成爲流寓地之佃戶而安住者有之。或再歸還故鄉者亦有之。移流民之加增，自然影響於租稅減少，盜賊橫行，及社會秩序紊亂，無論如何，於國家皆不發生良好結果。故歷代政府，對此大都取事前備荒貯穀，事後救恤蠲免，或採取直接辦法，將移民送還原籍，耕作官田閒地，及安插編籍於流寓地等種種處置，爲對付流民政策。據元史（九六）食貨志紀載：元代也曾設立義倉社倉，或施行賑恤蠲免。同書（一〇三）刑法志揭有流民復業存養諸規定，又同書（一二三）哈八兒禿傳（一三五）明安傳，也載有實行此種規定之文。惟對於年有數十百萬的多數流移，而施行此種政策，實效如何？據本論文前數節所說，元代政策，極爲敷衍，則實效斷必甚少，如輟耕錄檢田吏七律詩之窮民，諒必是在各地，續出無窮。處此情況之下，閩廣浙等瀕海貧民，倣效祖宗先例，進而移殖海外者，似乎不少。

元代海外史料，如元史，外國傳，島夷志略，眞臘風土記等，殆不紀載漢族移殖于印度支那或南洋羣島之事。惟明初之瀛涯勝覽，星搓勝覽及明代諸史料，紀錄漢人移住於印度支那，南洋羣島者頗多。據此即認爲鄭和航海以前，唐宋之際，已有多少漢人，移住海外，及至元代，尤甚是元末天下大亂之際，越為衆多，似甚確實。又元代曾以許多下層階級男女，賣出海外，為一種貿易品。此據元史（一〇四）刑法志食貨之部，同書（一〇五）刑法志禁令，元典章（二三戸部八）市舶法則二十三條，及同書（五七刑部一九）雜禁等，皆屢次下令禁止輸出『男子婦女牲口或人，』可想而知。此種人，也許包含一部流出海外之民，參在其中。

由此觀之，元代多數農民，生活上，似無何等保障，又無何等光明，其實不盡然。例如農村內之自治組織，由於宋代藍田呂氏鄉約（朱子全書七四）等，頗有發達機運，而元初世祖至元二十八年，規定勸農立社會理十五款，極為詳盡。各鄉村約五十戸，組織一社，置社長一人，以督勵社內事務，設立義倉，社學等。（元典章二三戸部九立社）此種制度，元末尚實行之，外人 Odoric 旅行記（Yule Cathay and the Way Thither I pp.116-117 ）也說及元代自治法，酷似這種組織。此據可知當時農民之農村生活，亦稍安定。特別在環境混亂之中，各人更覺有團體組織之必要，故雖是半官式制度之社，也擁護之，使其堅實發展，共謀大家之安惟寧幸福。固然，此中常有豪強之作祟，豪強之擾亂，害及村落太平，是無可疑的。惟元代自治組織，特別發展，亦大値得注目的。

再另一方面，科舉制度，在元代中葉，雖然形式上的舉行，然漢民出身之路，頗受嚴密限制，只以戰爭頻繁，太祖成吉斯汗及太宗窩闊台侵入中國後，農民從軍，建立武功，或農家子弟，以學問道德聞而被延用成名者，爲數頗多。例如元史（一四七）中之張柔（一四八）董俊（一五〇）王義（一五二）王珍同，楊傑，只享（一六五）綦公直（一六八）陳祐（一八三）王思誠（一九三）石珪（一九四）卞琛等，皆爲農家子，由於武勇，資力，或武術等而出身的。著名之宗教家丘長春，輟耕錄（一〇）謂其『祖父業農，世稱善門。』碩學許衡，元史（一五八）謂其『世業農，……七歲入學。』然則在蒙古人專制，乃至色目人優遇之世，除了奴隸而外，最下階級之漢農民，出仕之路，尙未全絕。苟擅一藝一能之長，總有相當位置，得列士籍。固然，他們多數只止於州縣胥吏之位，而許多政弊，也許還是他們幹的，但傑出如前說之十餘人，也不能不為可憐的農民祝福了。又據他們傳中所說，當時農村全未隔離學問教育，有資產及有餘力者，入州縣學校求學，或在自家社學等，受相當教育。此種問題，若擴而大之，也就是農村之文化。

最後所述之農民運動，流民政策，海外移住，民間自治，農民出世及農村文化諸問題，無一不佔重要位置，惟今不及詳論，只止於此，俟諸他日再說。

結論

第二章　奴隸考

第一節　緒言

奴隸問題，是社會史上重要的事項。在中國方面，幾與四千餘年的悠長歷史，相爲始終；就中尤以元代一百年間，奴隸之使用，最爲盛行。若於此研究明白，也許就得一關鍵，以明當時社會狀態罷。

有元一代，爲中國社會最混亂時期之一，這是不消說的。當時蒙古人，居征服者之地位，態度傲然，君臨漢土，澈底發揮其蒙古主義，改變社會上一切組織，比如公文程式，就是最顯著之例。羽田博士著「元朝對于漢文明之態度」二文，（狩野博士紀念論文集）關於這點，曾發表有特別地研究。已故箭內博士曾在「元代社會之三階級」一文（滿鮮地理歷史研究報告第三）詳述蒙古人，色目人及漢南人三種，于官制，科舉，服色，刑罰各方面，待遇上，頗有差別。惟他們階級之區分，絕不像印度種姓之嚴峻，此一如博士所說：當時漢人，榮膺丞相或親軍都指揮官之要職，尙有數人，同時蒙古人爲漢人南人所奴使者，亦不在少數。於是自所謂社會的階級這種見地來說，則我這裏所說的奴隸，寧可以說是最明顯地形成着下層的一段的了。

元代奴隸，最大部分，是貧苦的漢南人，及俘虜而來之外國人。他們與其他時代之奴隸，同處於社會最下的階級，不單是無產者，且被看待與全無人格的牛馬財貨一樣。至於元代奴隸，所以特多，想必由於兇殘的蒙古人，征服各地，捕虜敵人，直使之爲公奴或私奴，及當時奸徒，乘法制弛緩，常掏略平民，供應使驅，與夫人民爲着戰亂或貧窮賣身爲奴，或投人爲奴之種種原因。當時待遇奴隸，非常刻薄，國家雖以法律及命令取締之，唯似未能實行，由此可知元代之漢人南人，在中國史上，算是生逢最不幸之世的了。輟耕錄說；

後至元丁丑夏六月，民間謠言，朝廷將采童男女，以授韃靼爲奴婢，且俾父母護送，直抵北交割，故自中原至於江之南，有縣村落，凡品官庶人家，但有男女，年十二三以上，便爲婚嫁，六禮既無，片言即合。至於巨室，有不待車輿親迎，輒徒步以往者，蓋惴惴焉，惟恐使命戾止，不可逃也。雖守土官吏，與夫韃靼色目之人，亦如之 竟莫能曉，經十餘日纔息，自後有貴賤長幼姸醜匹配之不齊者，各生悔怨，或夫棄其妻，妻惛其夫，或訟於官，或死於夭，此亦天下之變，從古未之聞。（卷九謠言）

至元丁丑，民間謠言拘刷童男女。以故婚嫁不問長幼，而亂倫者多矣。平江蘇建卿，時爲上海吏，有女年十二，，贅里人浦仲明之子爲婿，明年生一子。（卷二四十二生子）

此與元史三九順帝紀至元三年，丁丑之紀載，

五月辛丑，民間訛言，朝廷拘刷童女，一時嫁娶殆盡。

是同一事件。至元三年是西曆一三三七年，爲元亡前三十一年。可知當時崇古

朝廷，欲強拘中土童男女爲奴婢之謠言一發生，天下之人，疾首蹙額，驚慌萬狀，演出無數悲喜劇，這雖然終是謠言，但諸族中之智識份子，倘因這種不近情理的訛言而震恐，足知蒙古朝廷，平素怎樣的橫蠻殘毒，虐待人民了。元史一二〇鎮海傳說：

先是收天下童男童女，置局弘州。

這是太宗之世，使童男女爲工匠的；弘州即今山西大同附近，這裏所謂「收天下童男童女，」人數即使不多，惟這種舉動，恐即爲後來人民，發生恐慌之一因。

在蒙古創業初期，奴隸概從事於畜羣監視，戰陣驅使，或普通工作等，頗屬原始式的，但自世祖定鼎大都後，建國號曰元，奴隸工作，則隨同環境而改變，大概皆在主家或官廳當差，從事農工及一切雜役，與漢土從前的奴隸相同。如是元代使用奴隸的方法，在定鼎之前後，頗有些差異，惟尙未發達至如歐美近代的奴隸制度——即主家與奴隸從事於同一產業，而形成資本家與工人，不過與主奴有相異相補的職能，或本主完全無爲徒食的希臘羅馬時代之歐洲或平安朝之日本，處于同一地狀態。且關于家庭道德，元代奴婢，依然可以認爲是不斷地與以種種方便，使主家之人，墮落放縱。但這種現象，不獨元代爲然，觀清代宣統三年所公布之禁止條例，可知中國歷代，奴婢境遇，多半都是如此，不過元代，尤爲顯著而已。

中國史上，關于奴隸制度，梁啓超編中國文化史社會組織篇奴隸一項，及王世杰著中國奴隸制度（社會科學季刊二三）皆述論其大概。沈寄簃先生遺書甲編歷代刑法考，（一五奴婢）列舉歷代關係奴隸的史料，至於部分的研究，僅有日本玉井是博學士之「唐代賤民之研究」，（京城帝大編「朝鮮支那文化之研究」）何士驥之部曲考（「國學論叢」一、一唐以前）陳守實之清初奴患。（「史學與地學」第四期）等，而關于元代奴隸，則似尚未見任何有系統的著論，我現在要根據元史及元典章，把元代行於中國本部之奴隸制度，加以研究，至關於蒙古人在創業期間，於歐亞各地使用奴婢，以及後來行於諸汗國的奴隸制度，因範圍太廣，暫不論及。

第二節　奴隸之發生（犯罪）

奴隸二字，近來一般人，常習用之。溯其起源，甚爲古遠，依玉井學士謂：漢書（六二司馬遷傳注）等已見奴隸二字，然歷代法律及文書，多稱之爲奴婢，若稍用特別的字眼，則古時另有僮僕，臧獲，豎厮，扈役等名詞；元代又有驅口馳丁驅奴之語，例如輟耕錄（一七奴婢）所說：

今蒙古色目人之臧獲，男曰奴，女曰婢，總曰驅口。蓋驅口驅丁，即驅使丁口之意。

這種用語，金代曾經用之，（金史食貨志及兵志）至元乃成爲俗語，試看元史及元典章，隨處可見。

古來無論何國，奴隸都有官私二種，官奴或公奴，最大部份，大抵由於犯罪人，及俘虜而來。周禮（秋官罪隸）疏說：

此中國之隸言罪隸，古者，身有大罪，身既從戮，男女緣坐，男子入于罪隸，女子入於舂槀。

蓋言古來與犯罪者有關係之男女，皆收爲官奴，例如漢代七國之亂，舉事者之妻子，皆沒官爲奴，唐代亦如是，官戶雜戶官奴等，最大部份，乃是罪人家屬，唐律疏義（一七賊盜律）規定：謀反及大逆者，族類沒官爲奴。模倣唐律之日本大寶養老律令（令集解）及宋刑統，於賊盜律也有同樣地法規。

然則在元代，究是犯什麼罪過，始沒官爲奴呢？據元史紀載，有如下之事項。

凡有官守，不勤於職者，勿問漢人回回，皆論誅之，且沒其家。（世祖紀至元十六年九月乙巳）

申嚴酒禁，有私造者，財產女子沒官，犯人配役。（同上二十四年四月甲午）

詔千戶百戶等，自軍逃歸，先事而逃者罪死，敗而後逃者，杖而罷之，沒入其男女。（成宗紀大德六年正月癸卯）

詔凡爲匿名書辭，語重者誅之，輕者流配，首告人賞鈔有差，皆籍沒其妻子充賞。（同上七年正月乙卯）

諸以親女獻當路權貴求進用，已得追奪所受命，仍沒入其家。（卷一〇二刑法志職制上）

諸謀反已有反狀，爲首及同情者，凌遲處死，知情不首者，減成從一等流遠，並沒入其家。（卷一〇四刑法志大惡）

諸妖言惑衆，嘯聚爲亂，爲首及同謀者，處死，沒入其家。（仝上）

諸亂言犯上者處死，仍沒其家，（仝上）

總以上所說，凡官吏尸位素餐者，將校臨陣退縮者，國民違犯酒禁者，贈親女得官者，及以匿名書惑衆者，尤其是謀反者，除身受刑戮外，妻子並沒官爲奴。因此每年沒入之數目，必爲不少。這種連坐法，在近世法律觀念上，甚不合理。在普通人情心理上，也非常慘酷，但這是中國古來立法大精神的一種，爲注重家族制度，欲減少犯罪者，故已早見於書經湯誓牧誓等篇。然無論如何，這種連坐法，處置頗不穩當，所以歷代，屢有廢止之議，即在元代，也同樣地有此主張，據元史（文宗紀天歷元年十月丙午）說：

中書省臣言，凡有罪，概籍其家貲，又沒其妻子，非古者罪人非孥之意。今後請勿沒入妻子，制可。（同年六月辛亥之條陝西御吏孔思迪之言亦具同樣意見）

天曆元年，（西曆一三二八年）已決不再沒收罪人妻子，但終不能永久實行，此考之同書（順帝紀至元六年九月丙寅）說：

詔今後有罪，毋籍其妻女以配人。

亦可知在十二年之後，復見故事重行了。蓋此時正是燕帖木及伯顏兒等，備極專橫之時代，故一切詔旨及法令的威力，似甚微弱之故也。直至元代末年，這種連坐法，依然盛行。元史（二〇五）桑哥傳紀載，言有某人勸告桑哥藉故殺他私怨仇人，並將其妻子沒官為奴。可知像桑哥這樣權臣，自必任情枉法，屢行誅戮沒收之慘刑。故文帝順帝，發布以上詔令，主要目的，即想將一般權臣，抑制下去。

布臘羅馬盛時，認戰爭之俘虜，爲合法奴隸，役使于國內者頗多。無論何國。

第三節 奴隸之發生（俘獲）

奴隸制度之起源，必由俘虜而來。據周禮（秋官）說：

蠻隸百有二十八人（征南蠻所獲）閩隸百有二十八人（閩是南蠻別支）夷隸百有二十八人（征東夷所獲），貉隸百有二十八人（征東北夷所獲）

觀此，可知俘虜爲奴隸，中國古代，早已實行：而當易姓革命，尤其是外族侵入之際，俘奴特多；就中尤以蒙古時代，最爲厲害。

二十二劄史記三〇「元初諸將多掠人爲私戶」一文，列舉若干實例。不消說，該書的記事是概說，然元史紀載，遺漏也很多。蓋成吉斯汗及拔都前後西征，攻城陷池時，生擒住民中之強壯者，使之立於第一戰線，攻擊他城；職工及美術家，則捕歸而用之從事于各種工作；而美麗婦人，則沒入後宮，諸如此類，皆史上著名的事蹟。凡此種種，卽所謂官奴婢，各因其才而用之。同時諸王諸將，每逢戰勝，也捕居民爲私用家奴。輟耕錄（一七奴婢）說：

蓋國初平定諸國，日以俘到男女，正配爲夫婦，而所生子孫，永爲奴婢。

這大概是指着官奴私奴而言。然此不獨對於西域爲然，即在中國本部；也是一樣的。或捕擄工人直接利用之，而不瞭解農業的蒙古人，（元文類五七耶律公神道碑文記某臣勸太祖盡殺漢人，以其地爲牧塲，太祖贊成，楚材進言乃止）或不顧田畝荒廢，捕虜幾千幾萬農民；諸如此類，見於元史諸帝紀。至於詳細事實，同書記載太祖之際，有如下之事實。

甲申（太祖十九年）孛魯征西夏，以實分兵攻汴陳蔡，……所至有功，計梟首一千五百餘級，俘工匠七百除人。（一一〇五何實傳）

太祖，……時國兵踐蹂中原，河南北尤甚，民罹俘戮，無所逃命，處機還燕，使其徒持牒招求於戰伐之餘，由是爲人奴者，復爲良，與瀕死而得更生者，毋慮二

三萬人，中州人至今稱道之，（二〇一丘處機傳）

先是眞定既破，迪亟入索藁城：人在城中者，得男女千餘人，諸將欲分取之，迪曰：是皆我所掠，當以歸我，諸將許諾，迪仍召其人謂曰；吾懼吾屬爲他將所得，則分奴之矣，故索以歸之我，今縱汝往，以各遂生產爲良民，衆感而泣去。（一五一趙迪傳）

右列三文，第一，孛魯獲俘工匠，其餘大多殺之。第二，長春眞人丘處機救助被貶爲奴，且將就刑之二三萬人。第三，趙迪放還將遭諸將分取之人民。以地方而論，皆發生於河北河南兩省。次爲太宗之世，據元史（太宗紀十二年）說：

是歲……籍諸大臣所俘男女爲民。

想係俘獲過多，故籍放之爲民。同書耶律楚材傳稱：他在宣德，（河北省宣化縣）地方，考試儒生之俘奴，得四千餘士。又同書廉希憲傳高智耀傳稱：憲宗之世，廉希憲於京鄂州地方；世祖之初，高智耀於淮蜀地方，皆放免儒生之俘奴。再看元史諸傳，皆載世祖至元年間，於中國本部，爭城爭地之戰，草菅人命，極盡屠殺俘獲之能事，舉其最要者言之。同書（一二三）塔不己傳稱：在今湖南地方，與宋軍遭遇，而行「殺掠幾盡」的大戰；同書「一二八」阿里海傳稱：在長江沿岸，「俘虜千萬」。（一三一）懷都傳稱：在淮南地方「獲生口無算」。（一六一）劉整傳稱：襄陽之圍，「俘人民八萬」。（一六八）陳祜傳稱：（軍士俘虜温台民，男女數千口」等等。這些俘虜，也許一部份獻送於上官或朝廷，而最大部份，則諸將分贓私用。據元史（一七〇雷膺傳）說，可見當時狀況之一般。

（至元十四年）……是時江南新附諸將市功，且利俘獲，往往濫及無辜，或強藉新民以爲奴隸，膺出令得還爲民者，以數千計。

原來爲這個雷膺，及前說之丘長春趙迪耶律楚材等仁人所放爲良者，實在是全體中之一部，極爲希奇，所以史書纔這樣特筆及之。以上所說，全爲蒙古正式軍，俘獲之事實；但據元典章（五七刑部禁誘略）說：

至元二十八年樞密院准……江南草賊生發，刦掠平民子女財物。

則匪賊跳梁，乘天下騷亂，亦刦略良民為奴。因此可知當時人民，受兵匪為患，自然苦惱極了。然而這種俘獲舉動，無論是從朝廷的政策來說，或從人情看去，都很不宜，故除前說之太宗十二年之收縮令外，憲宗八年，（十二月己亥）世祖中統二年，（四月丙午）至元元年，（八月癸未）十七年，（正月戊辰）十九年，（四月庚戌）二十七年，（三月甲子）（成宗以後從略）皆三令五申，命令放還俘民，或贖放俘民。又據元史（一〇三）刑法志軍律所記：

諸軍馬征伐虜掠良民，兇徒射利，略賣人口，或……者嚴行禁止。

是則明白地以法令禁止擄掠的了。但這種禁令，並非絕對實行，試看同書同卷戶婚部所說，便可明白。

諸收捕叛亂軍人，掠取生口，並從按治官及軍民官，一同審閱，實為賊黨妻屬者，給公據付之，無公據者，以掠良民之罪罪之。

諸蒙古回回契丹女眞漢人，軍前所掠人口，留家者爲奴婢，居外籍者即爲良民，已居外復認爲奴婢者，沒入其家財。

據此，凡賊黨妻屬，附以公據，將其贈與掠取者。又既被俘掠，而留居自家者，也准役使之如奴婢。惟由此法令看來，奴婢留居宅外者，亦復不少。

據以上所說，蒙古的諸王將和士匪，俘獲良民爲家奴者，必極衆多。同時，如前面所說，俘擄中之被俘爲公奴或官奴而服勞於軍役工藝等者，亦爲不少。像這樣公私俘奴的數目，恐歷代必無其比，可惜無何種統計，殊令人遺憾。（金史食貨志如第五節所載，記着軍官所屬奴婢口數之一部。）

第四節　奴隸之發生（拘略）

所謂拘略，即是官憲或勢家，平時濫用威權，設法拘良民爲奴婢，與前面所說在戰爭時，捕獲敵方軍士爲奴婢者，顯然不同。然於戰場中，俘掠虐殺無辜和無抵抗的良民爲奴婢，也是常有之事；尤其是蒙古軍隊，這種行爲，極其普通。所以二者，頗難分別。現爲方便起見，特分戰時軍隊之行爲，作爲前節的俘獲，反之則爲本節所說地拘略。蒙古朝廷，對於俘獲和拘略之態度，頗不一致。在太宗以前，每逢戰爭，無寧謂爲獎勵軍隊之俘獲；至太宗之世，雖下令取締，後亦不能徹底禁止。惟對於平時拘略，則無論何時，皆懸爲厲禁，繼又制有嚴密之法規。

元代以前諸朝，關於拘略或誘拐奴婢，究竟設有什麼法令呢？請看下面紀錄。

掠人賣人，和賣人爲奴婢者死。（北魏書刑罰志引盜律）

略人賣人爲奴婢者絞。（唐律疏義二〇賊盜律）（宋刑律二〇賊盜律有同樣條文）

這裏所謂人，不消說，是指良民。至於略誘，本是奴婢者，即以強盜或竊盜論罪。（唐律疏義賊盜律）蒙古時代，法規如何？且留後面論之，現在先從事實上考查，元史有如下之紀錄：

癸未（太祖十七年）燕京路，豪民冒籍良民爲奴者衆。（一五三劉敏傳）

（中統）三年……爲山西宣慰使，權勢之家，籍爲奴者，咸按而免之，復業近千人。（一六三李德輝傳）

（至元初年）南京總管劉克興，掠良民爲奴隸，得復爲民者數百。（一七〇袁裕傳）至元十四年，（浙西）宣慰使失里，貪暴掠良民爲奴，礎劾黜之。（一六七張礎傳）

（至元十五年八月辛巳）……軍民官，毋得占據民產，抑良爲奴。（世祖紀）

（至元二十年十一月戊寅）……禁沒人口爲奴，及黥其面者。（同上）

（至元末年）都元帥塔海，抑巫山縣民數百口爲奴，民屢訴不决，利用承檄覆問，盡出爲民。（一七〇王利用傳）

（至大元年）……改四川肅政廉訪司，蒙古軍士科差繁重，而軍士就戍，往來多害人，且軍官或抑良爲奴，世延皆除其弊，而正其罪。（一八〇趙世延傳）

（至治二年閏月）辛丑萬戶李英以良民爲奴，擅文其面坐罪。（英宗紀）

此外，這種紀載，元史尙有若干文字，散見各處。又元典章（五七刑部一九）於禁止誘略略賣良人諸條，也有許多同樣紀載。然元代自世祖以後，基礎鞏固，曾取法唐宋金諸法制，編定禁止拘略良人爲奴婢之嚴重法律。玆由元史（一〇三）刑法志戶婚，將其主要者臚列於後。

1 諸官吏占人戶供給私用者，治罪。

2 諸守宰抑取部民男女爲奴婢者，杖七十七，期年後降二等雜職敍。

3 諸軍民官，輙隱藏降附人民不令復業者罪之。

4 諸妄認良人爲奴，非理殘虐者，杖八十七。有官者罷之。

5 諸民戶流移，所在有司起遣復業，輙以闌遺收之者禁之。

6 諸匠戶子女，使男習工事女習黹繡，甚輙敢拘刷者禁之。

7 諸僧道還俗，兄弟析居，奴放爲良、未入於籍者，應諸王諸子公主駙馬毋拘藏之，民有敢隱藏者罪之。

此外，如「羅織平民，」「殺虜人口，」「被掠婦人」之語，元史刑法志，尚可得若干條。不過前列七條，已能略示一般了。七條中之第一二三諸條，是禁止官吏私占人民爲奴者。第四至第七諸條，是禁止諸王駙馬及一般人民，私占人民爲奴者，大都附着相當處罰。然這種處罰，乃極輕微的如杖刑之類，至於「治罪」「罪之」「禁之」之語，意義亦屬曖昧，比較北魏唐宋之絞死，固然極微，比較明律杖百，流三千（明律集解一八賊盜律略人略賣人）之條，也是輕微。總之，在立法精神，蒙古人不視其祖宗以來漫然施行拘略，爲重大的壞事；且諸王公主駙馬以至一般人，拘民爲奴之例，亦不勝枚舉，故欲統加處分，大約也是困難的罷。由以上法律觀之，足令人有世態習俗之不同，顯露於法令上之感。

要之，根據這種事實及法規，足知蒙古人侵掠漢民，是怎樣地猛惡了。明代承元殺伐之遺風，勢家橫暴亦甚，故明律對於婚姻賊盜之强占俘掠，制裁頗爲嚴密，其一部分，存有元代法律之痕迹。

第五節　奴隸發生（鬻賣附輸入）

古來世界各國，皆以人身賣買，是惡習之一。其中有強拘或誘拐良民而買賣者；有迫於饑寒或償債而鬻子女者，有爲贖父兄之罪，而賣自身者。他們所受的待遇，與公奴私奴一樣，且有視如牛馬貨財一般，任人賣買。中國賣身之起源，本不可考。惟據漢書高祖本紀以至食貨志及季布傳欒布傳賈誼傳所紀載：賣身之事，秦漢時代，殆已公然行之。依唐律，略賣或賣良人爲奴，雖爲法所禁；然已爲奴婢者，則附以市券，許其買賣。（疏義二六雜律）元代社會，秩序紊亂，人身賣買，自比其他時代，特別增多，這是不得已的事實。玆將元史中，關於賣奴賣身之事實，摘錄於左。

1（太宗九年頃）先是州郡長吏，多借賈人銀，以償官息，累數倍曰羊羔兒，利在奴其妻，猶不足償。（一六耶律楚材傳）

2（至元十年四月）丁酉敕南儒爲人掠賣者，官贖爲民。（世祖紀）

3（至元十二年頃）立契券質賣妻子者，重其罪，仍沒入其直。（一二六廉希憲傳）

4（至元十四年二月丙寅）諸王只必鐵木兒言：永昌路驛百二十五，疲于供給，質妻奴以應役，詔賜鈔百八十錠，贖還之（世祖紀）

5（至元十五年正月己亥）……禁官軍民，賣所娶江南良家子女，及爲娼者，賣買者兩罪之，官沒其直，人復爲良。（世祖紀）

6（至元二十九年）江南理算積久逋賦，期限嚴急，胥卒追逮，半于道路，民至嫁妻賣女，殃及親隣，維錢塘受害最慘。（一七三崔彧傳）

7（至元三十年十月辛亥）禁江南州郡，以乞養良家子，轉相販鬻，及強將平民略賣者。（世祖紀）

8（世祖末年）忱以江南人鬻子北方，名爲養子，實爲奴也。乞禁之。（一五一王忱傳）

9（仝上）江淮民失業貧困，鬻妻子以自給者，所在官爲收贖，使爲良民。（三

○五盧世傳）

10（延祐二年）正月乙亥，禁南人典質妻子，販買爲驅。（仁宗紀）

11（延祐七年十二月丙子）命官家屬流落邊遠者，有司資給遣之，其子女典鬻于人者，聽還其家，（同上）

12（至治二年十一月己亥）站戶貧乏，鬻賣妻子者，官贖還之。（英宗紀）

13嘗念姑老，一旦有不諱，無由得棺，乃以次子鬻富家，得錢百緡，買杉木治棺成。（二〇〇列女傳趙孝婦）

上面所舉，1項是苦于高利貸，賣妻爲奴者。3項是立定契劵，公賣妻子者。4項和12項，是站戶受徵發之苦者。5項是名爲娶江南良家女爲妻，實則意在獲利者。6項是不堪桑哥之暴斂，嫁賣妻女者。7 8 9三項，是在江南獲良家子女爲養子，而轉賣於北方者。10項是典賣江南人妻子者。（典同于質即賣償還借金而以人或物與之）13項是爲夫母備棺，而賣己子者。再元典章紀載，這種事實，也非常衆多。

遊旅江南的軍人旅客，又常誘拐婦女，賣于江北為婢娼。（一八戶部四驅良婚軀口不娶良人）今舉數例如下：

『大德七年，江南行臺江南平定之後，悉為吾民，今十有八年，尚聞營利之徒，以人為貨，公然販鬻（五七刑部一九禁乞養過房販賣民）』

『大德十年三月，御史臺……切見江南地面，自歸以來，被賣良民數多。（五六刑部一八李蘭奚）』

『延祐三年三月十八日，行臺……中原江南州郡，近年以來，良家子女，假以乞養過房為名，恃有通例，公然展轉販賣，致使往往陷為驅奴。（五六刑部過房人口）』

據此看來，可知販賣人口之主要地點，雖在江南，但中原（即江北）之地，也公然行之，為汚濁現象。以上所舉，都是証明漢民族在中國本部，買賣事實的普徧；但在現今之滿洲，據元史世祖本紀所載，也有同樣的情形。（至元十七年十二月丙申遼東十八年八月壬辰開元路）故當時受朝廷優遇，恣行權威之蒙古人中，也爲有貧苦所迫，以致賣妻子者。試看下面紀載，更足以證明。

『（大德七八年之際）上疏言，蒙古軍在山東河南者，往戍甘肅，跋涉萬里，裝橐鞍馬，……資皆自辨，每行必鬻田產，否則賣妻子，戍者未歸，代者當發·前後相仍，困苦日甚。（元史一三四和尚傳）』

『（延祐四年七月辛卯）帝諭省臣曰：比聞蒙古諸部困乏，往往鬻子女於民家爲婢僕，其命有司贖之，還各部。（同上仁宗紀）』

『延祐間，朔漠大風雪，羊馬駝畜盡死，人民流散，以子女鬻人爲奴婢，拜住以興玉根本之地，其民宜加賑恤，請立宗人衞總之，命縣官贖置衞中，以遂生養，（同上二六拜住傳）』

『延祐七年十一月，至治改元詔書內一欵，回回漢人南人，典買蒙古子女爲驅者，詔書到日，分付所在官司，應付口糧，收養聽候。（元典章五七刑法一九禁典賣蒙古子女元史英宗紀至元元年十月癸丑有同樣之文）』

就頭一項所說，蒙古軍之貧困者，及最後一項所說，蒙古子女為漢南人回回人奴使一類的話，想來係屬意外之事，不過事實上，這種人，恐怕亦屬不少。

如此，元代賣人風氣，不獨普徧於漢士，且廣行於滿蒙各地。蒙古人中，也有委身為歷來為其所輕侮的漢南人之奴隸者。惟鬻賣人口，畢竟為可嫌忌，應該廢棄陋習，故歷代朝廷，皆屢出法令，加以取締；元代也一樣地屢發禁令，且以國庫為蒙古人，贖回子女。其禁令僅據元史本紀，隨便可見者，則有世祖紀至元十五年正月，（乙亥）十八年五月，（庚申）仁宗紀延祐二年正月，（乙亥）二年二月，（甲午）英宗紀至治二年九月，（庚戌）等不少實例。然而當局，尚不以此為滿足，更詳細規定種種法規，想一掃鬻賣之惡風。其法律見於元史（一〇三—一〇五）刑法志，關於普通賣人謂：

『諸有司治賦歛急，致貧民鬻男女為輸者，追還所鬻男女，而正有司罪，價勿償。」

「娶良家女為妻，以為奴婢賣之者，即改正為良，賣主買主同罪，價沒官。」

「諸受財嫁賣妻妾，及過房弟妹者禁。」

「諸乞養過房男女者聽，轉賣為奴婢者禁之。」

次就略賣，同書（一〇四）盜賊條謂：

「諸略賣良人為奴婢者，略賣一人，杖一百七，流遠；二人以上，處死。……若略而未賣者，減一等，和誘者，又各減一等，各和同相賣為奴婢者各一百七。略誘奴婢，貨買為奴婢者，各減誘略良人，罪一等。……知情娶賣及藏匿受錢者，各遞減罪一等，假以過房乞養為名，因而貨賣為奴婢者，九十七。」

「諸婦人誘賣良人，罪應徒者，免徒。」

元典章，（五七刑一九禁誘略）也有同樣紀載，然所謂「略賣一人，杖一百七，流遠」之處罰，比較唐律，處以死刑者稍輕。又關於典賣人口，元史刑法志說：

「諸籍沒人口，元主私典賣者，追收入官，徵價還主。」

「諸以女子典雇於人，及典雇人之子女者，並禁止之，若已典雇，願以婚嫁之禮爲妻妾者，聽。」

「諸受錢典雇妻妾者禁，其夫婦同雇而不相離者聽。（以上見一〇三戶婚）」

「諸稱貸錢穀，年月雖多，不過一本一息，有輙取贏於人，或轉換契券，息上加息，或占人牛馬財產，奪人子女，以爲奴婢者，重加之罪，仍償多取之息，其本息沒官。（一〇五禁令）」

諸如此類的禁令，即表示當時人口典賣，極爲盛行，而所謂「息上加息」與前耶律楚材傳說之「羊羔兒」一樣以高利奪人妻子者，這一類的事，看來是很多的。而元文類六四潘公神道碑文所說：

「凡今鬻人，皆畫男女左右食指橫理於券爲信，以其疏密判人短長壯少。」

這實在是極有趣的方法，和古來各國所通行之拇印法，及現今檢舉罪人所用之指紋法頗相似。

以上所說，全關於良人之賣買。賣買良人，事實上，姑勿論之，表面上，顯然爲法所禁，已如上面所說。就是奴婢，爲圖利再略誘而賣之爲奴，也要受法律的處罰，然所謂奴婢，本與貨財牛馬一樣，故一般人，常公開賣買，輟耕錄說：

「又有紅契買到者，則其元主轉賣於人，立劵投稅者，是也。」

奴婢被賣，在紅劵上，寫其姓名年齡，（前之指理恐怕即是押捺於紅劵上）納稅於官司，即算交易清楚，清代官奴，據戶部則例所載，出賣官奴，以年齡多少，定價高低，故在元代，恐怕也有公奴之出賣，至於私奴，是更不消說了。

元代賣買人口，不獨流行於民間，並且賣給旅行到各海港及大都會的外國人，及進而竊輸之於海外。元史刑法志說：

「諸市舶金銀銅錢鐵貨男女人口系綴疋金綾羅米糧軍器等，不得私販下海，違者舶商船首，綱首，事頭，火長，各杖一百七，船物沒官。（一〇四食貨）」

「諸下海使臣，及舶商，輒以中國生口寶貨戎器馬匹，遺外蕃者，從廉訪司察之。（一〇三禁令）」

禁制品中。含有男女生口，則實際上，他們被販出海外，必定不少。Ibn Batuta 於 ynie 的 conthay H. P. 485說：「在杭州泉州等之外商，得以廉價買中國婢女，供其驅使，特不得強輸使於國外。」足知外人，取漢女爲婢妾，極其容易。又如桑原博士名著之蒲壽庚（一〇〇，一〇一頁）所說：唐宋時代，漢蕃曾實行通婚，這在元代，似更盛行。然亦有與此正相反者，即外國奴婢，輸入中國，也極繁多。元史（一三九）朵爾直班傳說：

「元統元年……條陳九事……九曰禁取姬妾於海外。」

所謂海外姬妾，究不知指來自何地，惟據草木子（三下雜制）說：則高麗姬妾，必占主要部分，

「北人女使得高麗女孩童。家僮必得黑厮，不如此。謂之不成仕宦。」

新唐書（二二〇）新羅傳說：

『遍中國，以新羅人爲奴婢。』

是朝鮮半島之奴婢，自唐代即輸入中國，（日本令義解二戶令化外奴婢大約也是同一地方）元代更強迫高麗進貢婢宦官。故依草木子所說，則高麗女子，輸入之多，不言可喻。且庚申外史下說：

『祁后亦多蓄高麗美人，大臣有權者，輙以此女送之，京師達官貴人，必得高麗女，然後爲名家。』

順帝之后祁氏，本高麗女，常贈她同鄉的美女與當時權貴，而他們亦喜蓄同種的姬妾。又桑原博士著蒲壽庚，（九一—九五頁）所說波斯婦人，似乎也在元代，進入中國不少，元史朶耳直班傳謂；朶耳直班「欲禁取海外姬妾。」，想係憤慨海外婦女，致宮中及權貴家庭，日趨腐敗之故。又草木子所謂黑厮，又有崑崙奴鬼奴之稱，正合於清李調元南越筆記七所說；

『巨室多買黑人以守戶，號曰鬼奴一曰黑小厮，其黑如墨，唇紅齒白，髮鬈而黃。……能曉人言，而自不能言，絕有力，負數百斤，性淳不逃徙，嗜欲不通，亦謂之野人。』

唐代以來，從南海諸國，輸入黑奴頗盛，元代亦視爲珍品，身價頗高，故當時家畜黑厮，或高麗女者，始稱爲名家。至於輸入之手續，雖然也有由於貢獻和俘獲，但與商品一樣，由買賣中間人，轉輾販入者，亦復不少。

第六節　奴隸之發生（家生）

在古代希臘羅馬以及其他承認奴隸制度的國家，家生奴婢，除特別情形外，極難脫離奴籍。如前所說，中國自上古至清代，奴隸制度，在社會組織上，佔重要的份子，故奴隸子孫，爲官廳或個人所養使而永不能擺脫者極多。惟如後面所說，因主人犯罪，主家滅亡，主人慈悲，國家命令，或自己贖身等等。奴隸也有被解放爲良民者。尤其是在革命發生時期，他們乘社會混亂，自官府，主家逃亡，達到解放目的者，想必不少的。但在這種時局轉變之中，亦有許多良民，被降而爲新奴隸，致奴籍發生新陳代謝之觀。只有窮鄉僻壤，大約受不到一切政變之影響，故這裏所說的家生奴婢，代代相傳，經幾百年而弗改易者，想係不少。

如前面所述，元代漢人，爲諸王諸將所俘獲，爲官僚勢家所拘捕，及爲饑寒所迫而鬻賣之新奴，實在很多。同時宋金末年，遺下之舊奴，而終不能脫身爲良民者，應該也是不少。現試就宋金奴婢，略爲言之。宋代奴婢之多，雖不及唐與五代，惟畜奴風氣，頗爲盛行，故禁止買良爲奴之字句，屢見於宋史太祖紀（開寶四年三月丙申）太宗紀（淳化二年七月己亥及至道二年閏月庚寅）等等，可惜不能澈底實行。關於宋代買賣奴婢的記事，文獻通考（一一戶口考二）也有些紀載。尤其是宋刑統，可以說是完全抄襲唐律的，對於家人沒官，略賣和誘，及主奴犯罪，規定特詳。金爲北狄之一，起自北滿，滅遼破宋，奄有中國北部。當此之時，漢民被掠爲奴，已不知多少，宋洪邁著容齋三筆（三）有「北狄俘虜之苦」一文，特描寫當時慘狀如左。

『元魏破江陵，盡以所俘士民爲奴，無問貴賤，蓋方夷俗皆然也。自靖康以後，陷於金虜者，帝子王孫，宦門仕族之家，盡沒爲奴婢，使供作務，每人一月支稗子五斗，令自舂爲米，得一斗八升，用爲餱糧，歲支麻五把，令緝爲裘，此外更無一錢一帛之入，男子不能緝者，則終歲裸體云云。』

此外，中國人民，因俘獲略賣依附等，貶入奴籍者之多，試看金史祖紀（收國二年二月己巳）太宗紀（天會二年七月己卯）熙宗紀）皇統四年十一月甲辰）世宗紀（大定三年十一月庚戌及二十九年五月辛酉）章宗紀（泰和四年十二月辛丑）及刑法志各禁令等，便可瞭然。同書（四七）食貨志牛具稅之部，列舉官司附屬良民及奴婢口數如下：

『猛安二〇二謀克一八七八（附屬）戶六一五，六二四八、正口四、八一二、六六九、奴婢一、三四五、九六七。在都宗室將軍司戶一七〇（附屬）正口九

八二、奴婢口二七、八〇八。」

『迭刺唐古二部五幻斤部、五八五（附屬）正口一一九、四六二、奴婢口一八、〇八一』

此實爲研究奴婢，重要之史料，據此計之，在猛安謀克，每家平均，有奴婢二人強；在都宗室將軍司，每家有奴婢百六十三人強；在迭刺唐古二部五幻，每家約有奴婢三人強。以這樣的成數來總計諸王諸將及諸官廳所屬之奴婢，必在三四百萬以上，再加以民間所有，可在數百萬之上。全國內總人口，世宗大定二十七年爲四四、七〇五、〇八六，章宗明昌元年，四五、四四七、九〇〇（續文獻通考一二戶口考一），然則奴婢豈非佔得十分之一強，或十分之二左右嗎？

故宋金滅後之遺民，在新屬蒙古統治下之時，這些奴婢及子孫，永居奴籍，被驅使於官廳私家兩方面者，一定是很多的吧。至元代家奴之子孫，仍不能脫離奴籍，輟耕錄（一七奴婢）說：

『國初平定諸國，俘到男女，匹爲夫婦，所生子女，永爲奴婢，夫今奴婢，其父祖初無罪惡，而世世不可逃，亦可痛已，又奴婢所生子亦曰家生孩子。』若由奴婢所有者之宥聽或本主言之，奴婢育子生孫，人口繁盛，總算增加財產之一部分。這種財產處分權，當然歸本主所有。至於奴婢，成爲特別階級，禁止良民與之通婚，然若犯禁，自願與之通婚，則生下子女，何者爲婢，何者爲良民，法律上，皆有明白規定，後面將論之。

第七節　奴隸之發生（投靠附獻賜）

前說犯罪俘獲，拘刷，鬻賣，家生等，可以說是奴隸發生之五大原因，在元代由於其中之任何一種原因，被置于社會最下賤的階級而受苦者，大約是很多。此外尚有所謂投下或投靠者。這一種是似鬻賣而實非鬻賣，並非賣身而得財物的，只爲安全生命，減輕賦稅計，特將自己一身一家和財產，投歸於強有力者，做其家奴，以求庇蔭。他們在戰時投靠，全爲着保全生命，平時投靠，全爲着輕避賦稅。前者本可原諒，後者殊爲可惡。所謂負担輕減者，例如元史（九三）食貨志（稅糧）紀載，至元十七年規定，正丁之稅粟三石，驅丁即奴僕，粟一石，故丁男多之家，正奴年賦有相當之差別，而甚至貶身入奴籍，以輕避國民應盡之義務，殊爲狡猾之舉。不過地方官吏的徵發，比此丁稅，更爲繁重，故其主要目的，也許是欲依附勢家，藉輕負担的吧。元史（一四八）董俊傳，略記太祖末年之事說：

「南征時人多歸俊，願爲奴者，既全其家，歸悉縱爲良，鄰境人有掠賣者，亦與直贖還之。」

這是叙述戰亂時的實際狀況，且董俊是賢明仁慈的人，故人民即欲投下爲奴亦不之許，而欲其做良民生活，但其他歡迎或強召人民，投靠爲奴，任意虐使，恣行威福者，時常有之。而人民也多採棄名取實之方針，投靠他人爲奴。元典章（二聖教一重民籍）說：

「近爲漢人南人軍站民匠等戶，多有投充怯薛歹鷹房子等名色影避差徭濫請錢糧靠損其他人戶。已自元貞元年爲始分揀，今後除正當怯薛歹蒙古色目人外，毋得似前亂行投屬，其怯薛歹各枝兒官員，亦不得忘自收係，違者並皆治罪。（至大改元詔書內一欵）諸色人戶，各有定籍，近者脫之收聚康禮劫立軍衞，濫及各投下並州郡百姓諸色驅奴人等，多至數萬，已經散遣。今後各投下諸色人等，並遵世祖皇帝以來累朝定制，不得擅招戶計誘占驅婢，違者至罪。（至大四年三月十八日欽奉登寶位詔書內一欵）』

此外，同書同部，也載有大德十年五月十八日，十一年五月，至大三年四月十八日三詔書，在此數年內，前後頒發五詔書，禁止招徠人民投靠爲奴，足證當時地方政治，是怎樣紊亂了。尤其是至大四年，投入奴隸，有「多至數萬」數目。再觀元史（一〇三）刑法志戶婚之條所規定，益足證明沒籍投靠者，時常有之。

諸庶民有妄以漏籍戶及土田於諸王公主駙馬呈獻者，論罪，諸投下輙濫收者亦罪之。』

『諸係官當差人戶，非朝省者文字，輒投充諸王及投下給使者論罪。』

『諸投下官員，招召已籍係官民匠戶計者，沒其家財。所占戶歸本籍。』

但這種法律，實行上，非常困難。蓋對方盡是諸王公主駙馬之實力派故也。

尤須附說者，就是獻饋之奴隸，他們多半是將已爲奴婢者，代替品物爲贈答之用，故不是新奴隸之發生，但常因分賜贈送俘虜而來者，使定居於各地各家，始發揮奴婢之職能者。也有不少吧？開創蒙古天下之將士，半世生涯，全在戰場上，所以俘奴之獻賜，比任何時代，爲數較多。世祖即位後，這種風氣，似猶盛行。元史（一四九）劉元振傳，紀述世祖初年，征降宋將劉整於瀘州城之情況如下：

『明日請入城，元振釋戎服，從數騎與整聯轡而入，飲燕至醉，整心服焉，獻金六千兩，男女五百人，元振以金分賜將士，而歸還其男女。』

同書（一一五）裕宗傳也記載，參政劉思敬征重慶時，軍士獻上俘民百六十戶，劉氏盡放爲良，大得人心。惟此乃是特別之例，故紀述之，至於普通獻賜奴婢，多是受而使之。試看元史世祖本紀（至元十二年五月）說：

『卒未朔阿里梅牙，以所得童男女千人，牛萬頭來獻。』

不提及放還，想必承受，分發於宮中或各官廳，當奴婢使用的吧。同書（一三六）阿沙木花傳所說：

『阿沙木花，康里國王族也，……入侍世祖，世祖賜土田，給奴隸，使居與和（大同附近）之天城。』

這也是普通賜與一例吧。蓋蒙古時代，戰爭頻仍，故財寶俘奴之獻進，必定不少；同時以之賜與群下者，亦特別衆多。關於元史（九四）食貨志記載，歲賜諸王公主功臣等之多，待下節說明之。

這樣在蒙古王公將士之間，公然行奴隸獻賜，已爲奴隸者，就算是沒有辦法罷。但是從新俘掠良民，當作奴婢饋送，這實在漠視人權的野蠻行爲，故元代法律，曾禁止之。據元史（一〇三）刑法志戶婚說：

「諸群盜降附，以所刼掠男女⋯收捕官饋獻者，勿受，仍還爲民。」惟此只言群盜附降時，不得以刼掠爲饋獻，至於普通將士，則未提及，似乎有默許之意。

第八節　奴隸使用狀況

犯罪，俘獲，拘刷，鬻賣，家生，投靠等，爲奴隸發生之原因，旣如上述，就中犯罪者，沒爲官奴，拘刷，鬻賣，投靠者，大都作爲私奴；至於俘獲及家生，則或爲官奴或爲私奴。此外如元史世祖本紀所說，也有私奴變爲官奴者：

「（至元十一年十二月）癸丑以諸路逃奴之無主者二千人，隸工部。」

「（至元二十九年十月癸丑）命趙德澤吳榮領逃奴無主者二百四十戶，淘銀耕田於廣寧瀋州。」

總之，他們無論爲公奴私奴，皆被視如家畜財貨，無獨立戶籍，或歸入官署或軍隊籍內，或附屬於私人籍內，而私奴被人自由買賣，書寫紅契，尤爲可憐的人。至於他們服役，實際上，究是怎樣呢？今先就官奴言之。

第一　在宮中或各公署操工匠雜役等工作

唐代官奴，男子長伎藝者，屬諸司，婦人工巧者，入掖庭，其餘無能者，歸諸司農寺，而年長男子則或配於嶺南爲城奴。（以上見唐六典六刑部都官）宋代官奴，大概也是這樣。元史（一二〇）鎭海傳，記蒙古初期，奴隸情況如左。

『先是（太宗時）收天下童男童女及工匠，置局弘州，既而得西域織金綺紋工三百餘戶，及汴京織毛褐工三百戶，皆分隸弘州，命鎭海世掌焉。』

這當然是東滅金國，西征西域，俘獲許多工匠，置於弘州，（山西大同屬地）使爲奴隸。此外除同書（八五）百官志刑部有「拏收產沒之籍。」記載寄存犯罪，沒官之奴婢之戶籍的事外，奴婢使用之明文，似不多見。惟同書（八五）百官志記載工部屬官，設置銀錢鐵瑪瑙石木油漆諸局，監掌長於此種工藝之工人；又謂工部中之大都氈，大都染，上都氈剪毛花隆興氈毯贓布諸局，管理工匠自九十七以至六千有三戶之多，故其中必含奴隸不少。原來元代，制度法律，粗雜寬容，頗多改變，未必盡倣唐宋之舊，例如唐代於官吏賤民之間，再有官戶，雜戶，工樂戶，音樂戶，官奴婢等區分；元代則不然，似乎只分奴婢部民二種而已。而這種部民，似乎就是私賤民之部曲；元代各書，亦偶見部曲二字之使用。（元史一九七，駕勝傳）且同書刑法志屢次出現的部民用語，大概是與諸職官之用語對照着，所以大約是概括官立工場之監督官的部下民匠，即與唐宋時代之官戶雜戶一樣，與前面元史百官志所說工部的工人管戶等相當。民匠之身分，比諸奴隸當然有些差異；惟因使役者是蒙古人，而他們又多由西域及漢土俘虜而來，故實際上，與奴隸沒有多大分別，何況那裏又有許多數異奴隸呢。據元史紀載，除以上工部諸局外，各地之綉局，紋錦綿局，紗羅局，窰場，皮貨所，織染司，疃等甚多，同書（八八）宮中將作院，附屬有金銀珠玉器皿繡畫諸局，同書（八九及九〇）各路諸色人匠都總管府，及大都留守司管下之器物局，皆各有許多中央或地方設立之工場，這種工場，不舉出屬戶人匠，但必定各有數百千工匠，從事於各種工藝，且相信有許多奴隸，參雜在內，據Yule and cordier; Cathay and the way Thither IV, P. 132 Ibn Batuta 旅行記一節，記錄 Khansa 即今杭州市六區之一部分狀況如左，

『This fourth town is intended solely for the dwellings of the emperors officers and slaves; it is the finest of all the six towns…… the citadel surrounds this on all sides, and is provided with coverd sheds where artizans arese en employed in making magnificent dresses, arms, and engins of War the Amir kurtai told me that there were 1.600 master workmen, each of whom had under his direction three or four apprentices. All are the kan's slaves; They are chained and live outside the fortress. They are allowed to frepuent the bazars of the town, but not to go beyond the gate.』

這篇文字後面，尚有許多地方，記述奴隸之待遇，今暫從略。唯據以上所述，

杭州城內第四區，熟練職工約有一千六百，工徒（每人管三人或四人）約有五六千人。總計爲七八千工匠，統被鎖住，限制行動，使從事於衣服武器等之製作。杭州即宋之臨安，爲南方大都，這個工場裏面，又需用着許多職工，故元史也應該在那裏可以發見其記載。同書（八八）將作院屬司說：

『行諸路金玉人總管府，……至大間始置於杭州路。』

所謂金玉人總管府，及同書（八九）之「杭州織染局」，恐怕即是這種工場。杭州織染局，假使有前述數千奴隸之全體或半數，則其他織染局，綉場，錦局，氈局，油漆等，也必有約略同樣之數。元史世祖紀，如上面所引，至元十一年十二月，將諸路逃奴二千人，隸於工部，至元二十九年，又將逃奴二百四十戶，置於廣寧，（遼寧錦州今北鎮縣）潘州奉天等，使之淘銀耕田。又同書（一六七）張惠說：

『（至元十二年）籍江南民爲工匠，凡三十萬戶，惠選有藝者，僅十餘萬戶，餘悉還爲民。」

可知無主逃奴及工匠俘奴，皆使之在中央或地方，爲公家奴隸，此與前 Ibn Batuta 之紀載，正相符合。

官奴除作工藝外，譬如屬於大司農司，則耕種籍田，或服役於永平屯田，及雜用於宣徽院尙飲局，尙舍寺，尙食局，淮東西屯田打捕總管府等。（以上載於元史八七）此外在宮中及中央地方各官署，從事於裁縫，音樂，洒掃，傳令，助工者，爲數也屬不少吧。若將此與前Cathay所說杭州織染局（？）織工七八千人，及元史張惠傳所說有藝奴匠十萬餘戶之斷片的數字而總計之，則全國官奴中，——工匠奴隸等，從事於工藝雜役者，恐怕總在二三百萬以上。

第二　在軍隊中服務

蒙古創業伊始，征服西域之際，在各地捕虜的人民，即充攻戰他地的先鋒，使役於危險困苦的工作，這是西洋史家的記錄所一致的；在中國本部，與宋金戰爭時，也是一樣辦法。這種舉動，與淸朝平定白蓮教，捻匪，太平天國時，爲避免自己少數主力軍之損失，使旗營綠營之官軍在後陣，而使鄉勇立於前線，前後如出一轍。俘民受這般虐待，名雖非奴隸，實與奴隸無異。元典章（三四兵步一軍役）軍驅所說；

「蒙古漢軍，分戍江南，全籍各家驅丁，供給一切軍需。」

這是擄取已爲各家奴隸者，供給軍用。大淸律例盜賊篇，詳述淸朝官沒男女，分發邊地駐防，或賞賜官兵爲奴。金朝猛安謀克也有附屬之奴婢，前已經說明。元代奴隸，也不僅限於戰時做戰鬬，輜重，傳令等工作，平時爲役于駐防邊備者，大約也很多。又如後面所言，違法犯禁，出私奴以代軍役者，爲數亦多。所以蒙古軍隊，自然有許多奴隸，參雜在內。

第三　賞賜諸王公主功臣者

有元一代，戰爭頻繁，因之在歐亞兩洲，占領廣大土地，收得無數財寶，所以賞賜勞苦功高者，上自諸王諸將，下自公主駙馬，爲數極多，元史（九五）食貨志說：

「自昔帝王，於其宗族姻戚，必致其厚者，所以明親親之義也。元之爲制，其又厚之至者歟？凡諸王及后妃公主，皆有食采地，其路府州縣，得薦其私人，以爲監秩祿，受命如王官，而不得以歲月通選，……其歲賜則銀幣各有差，始定於太宗之世，而增於憲宗之日。及世祖平江南，又各益以民戶，……其親親之義若此，誠可謂厚之至者。至於勳臣亦然，又所以大報功也。」

至於歲賜諸王功臣等銀系鈔及附屬戶之額數，亦統列舉出來；計諸王功臣得屬戶，少爲五萬或八萬，多爲十萬五千，每戶或納絲三兩餘，或中統鈔五錢或二貫，諸王將於此地方，可置如朝官之屬吏，使之徵收鈔系，監督民戶。這種民戶，無寧說是類似官戶或部曲，而若以前述金史食貨志所說，猛安謀克的附屬戶口之例計之，一戶平均正口十人，有二人強之奴婢，即這裏所說諸王將一人有奴，多至二十一萬，少則五萬十萬不等，約當正口五倍之多。然以時違勢異，金之猛安謀克，與元之諸王公主功臣，身分上，職掌上，皆不相同，故不能彼此直接類推。不過因此足以知分配於皇族大官之奴婢，全爲其私有物，由其自由處置者，必相當衆多。前於獻賜一節，曾引元史（一三六）阿沙不花傳說：阿沙不花，爲康里國王族，受世祖賜與奴婢，居於今山西大同附近；又同書世祖紀說：

「（至元十九年二月庚子）賜諸王塔剌海籍沒五十戶，願受十二戶。」

依然是奴婢賜與之斷片實例。

第四　賜與沒籍罪人之妻子于首告者及仇家者

實際上，這種事實，並不多見。不過前面所引大德七年正月乙卯詔。（元史二一成宗紀）記載造匿名書者，賞賜其妻子於首告者，及同書（一二）世祖紀，如下所說；就是這一類的：

「（至元十九年十一月戊寅）耶律鑄言：前奉詔殺人者死，仍徵燒理銀伍十兩，後止徵鈔二錠，其事太輕，臣等議依蒙古人例，犯者沒一女入仇家，無女者，徵鈔四錠，從之。」

但查元史刑法志刑律，似未有此紀載，眞能實行與否，殊不敢斷定。要之，這裏所說之賜與和第三項之賞賜，原爲官奴，但一經賜與諸王將及首告者或仇家，即成爲私奴，故如何使用，當然隨所有者之便了。

私奴無獨立戶籍，附記於本主戶籍之末，終身不得任意脫離，本主得自由驅使之，且有鬻賣，贈送，入質，承繼之自由權。奴婢之本主，雖多是諸王諸將官吏富豪等，但在社會中流以上之人，欲營豪奢生活，也養奴婢自三五人至千萬人之多。私奴之過多，在漢代成爲國家問題之一，曾以朝命，限制王侯吏民，蓄奴數目，過多者沒收入官。（前漢書一一哀帝紀綏和二年）至於唐代，也有同樣限制，（文獻通考一一戶口考武后永昌元年玄宗天寶八年）但不能徹底實行。元代爲防止私奴增多，屢發拘捕略賣禁令，或解放掠賣奴婢爲良，但亦以奉行不力，蓄奴之數，似不見減少。據元史世宗本紀紀載：元中葉至大二年（西歷一三〇九年）十月丙辰，樂實上奏說：

『江南富室，有蔽占王民奴使之者，動輒百千家，有多至萬家者，其力可知，乞自今有歲收糧滿五萬石以上者，令石輸二升于官，仍質一子而軍之，其所輸之糧，移其半京師，以養御士，半留於彼，以備凶年，富國安民，無善於此。』

世宗對此提議，頗爲嘉納。蓋奴婢（事實上是佃民）如此其盛，到底難以禁止，勿寧採取增稅政策，徵收富豪者金銀，以裕國用。所謂富豪，農工商民，雖然不少，但多半是將吏。明代之明律集解，（四戶役）對於庶民養奴，曾有如下之處罰，但亦不能實行：

『若庶民之家，存養奴婢者，杖一百，即放從良。』

元代連這種法規都沒有，士民養奴，漫無限制，所以徵收奴婢所得稅，既直接有利於國家，且間接抑制養奴數目之增多。

然而奴婢，如此其多，究竟如何使用呢？所謂千家萬戶，直等於日本一村一郡戶口。故奴婢之本主，即如封建王侯，部奴婢除家用外，皆使之業農，間爲工商業，本主任命私吏，徵收物產及製造品，有時且賣買典質部奴，使之替代軍役，元史（一六三）張雄飛傳說：

「至元十四年……先是荊湖行者，阿里海牙以降民三千八百戶，沒入爲家奴，自置吏治之，歲責其租賦，有司莫敢言，雄飛，言於阿里海牙，請歸其民於有司，不從，雄飛入朝，奏其事，詔還籍爲民。」

這就是實行上面所說的事，而終於放奴還良。事實上，也是因爲用奴如此其多之人，爲數極多，所以才發生徵收所得稅議吧。前代之部曲，佃客，元代不多見，這大概也是他們已投靠於勢家，或爲勢家所強制，事實上，已成爲奴婢了。

奴婢替主家爲壯丁，從事出征，極一時之盛，試看元史，這種事實，數見不鮮。『（至元十年之際與宋戰爭）今蒙古漢軍，多非正身，半以驅奴代，宜嚴禁之。（一六二李忽蘭吉傳）』

『（至元十五年五月乙酉）申嚴無籍軍，虜掠及傭奴代軍之禁。（世祖紀）』

『元貞二年二月丙午）禁軍將擅易侍衛軍，蒙古軍，以家奴代役者，罪之，仍令其奴，別入兵奴，以其主資產之半畀之，軍將敢有縱之者，罷其職。（成宗紀）』

『（大德七年閏五月丁丑）禁諸王駙馬等征北諸軍，以奴爲代者罪之。（同上）』

元史（一〇三）刑法志，軍律規定如下：

『令兄弟子侄驅丁代替者，驗名數多寡，論罪解降。』

奴替主從軍，觀其禁止，如此三令五申，則根本取締，其難可知；但是一方面，又有奴兵奮鬭之記錄，（元史一一九脫脫傳）大奏膚功。

又視奴婢當作金錢用者，當時也極盛行。據元典章三聖政二貸逋欠）載大德十一年五月及延祐二年十一月七年十一月詔書，曾再三聲明官吏濫用公欵時，得折入奴婢塡補。如此，奴婢既可用於軍務雜役方面，又可以用爲一種貨財，實行賣買，獻賜，交換，入質等，眞正無價之寶。當時勢家，乘法規廢弛，極力搜括奴婢，也是理所當然。至於奴婢待遇，又甚殘酷，元史（一六三張耀威傳）載至元初年，宗室公主等，捕獲家奴之逃走者，本人及其妻子等，都加以械繫。尤其甚者，同書（一〇五）刑法志雜犯與元典章（五七刑部一九）載諸貴勢之家，不得將有罪奴婢，或捕獲逃奴，私行鐵枷，釘頭，禁錮，刺面，劓鼻等之非理虐待之禁令，則本主對於奴婢之態度，刻薄可知。

且有爲財產抑領，而枉錮殆不受法律保護之奴婢，甚加以殺戮者，也似乎很多。（輟耕錄七奴婢）

公私兩方，虐待奴婢，既如此其甚，自然奴婢，時思逃亡。元典章（三四兵部一軍役拘刷在逃軍駐）紀載：欲編籍江南各家驅丁，使之供給軍需，因而相繼逃亡，爲僧道傭工負販。所以法律，對於逃奴裁制，極其嚴重。本主對待奴婢，大概如此冷酷，惟無智識之奴婢，也常對於主人及其他人戶，做出種種惡事。元史（一三九）朶爾直班傳及同書（一四三）夔夔傳謂：勢家奴婢，狐假虎威，迫害鄰民，強買商品，減削代價。又同書世祖本紀謂：至元十九年，（四月乙巳）阿合馬的家奴忽都魯久總兵權，紊亂政治，結果免官罷職，諸如此類的事，不一而足。轉而求如元史（一九一九七）楊不花傳或孝友傳之義奴忠僕如趙一德者，則百千中，不得一二焉。

然而公私奴婢，總數究有多少呢？在元史料中，皆不發見何等明瞭記載，惟前引Ibn Batuta 旅行記，謂：在杭州官立工場勞作之隸奴，約有七八千人，今據元史（八八，八九）謂：杭州官立工場凡百餘所，則平均每所三千人，已有三十萬人，此外如服役於屯田打提所捕鷹房民佃領栽種提舉司，或中央及地方各官廳之奴隸，想是極多的。又金代猛安謀克附屬奴口，尚有百三十四萬人，則元代軍隊所屬的奴隸，爲數想必更多。然則官奴至少也有二三百萬人，至於私奴，自然是更多了，諸王公主功臣，所有家奴，多至十萬二十萬，而江南富室蓄奴，又多至千萬家，（多是前代佃民）總計元代奴隸，全國恐在一千萬以上。

元代正口總數，據元史（九三）食貨農桑部謂：世祖時，有五三六五四三三七人，但亦非確實統計。此外又有公私奴婢，一千萬。若然，則正口五人強，佔有奴隸一人，這比數似乎過多。然羅馬盛時（50A. D.）時的 claudius 帝在位，自由民與奴隸，約略同數。（Gibbon, Declina and fall, chap. II）或謂自由民爲七百萬，奴隸二倍之。（Mommsen The history of Rome, Vol. IV. p.178）或謂奴婢爲自由民之三倍。（Blair, slavery amonythe Romans, chap. 1）元代奴隸，雖不至多至與自由民相等，或超而上之，但在中國史上，似爲最多的時期，即謂其數目，在一千萬左右，也不得奇怪。

第九節　奴隸之身分

看待奴婢，既如貨財畜類一樣，所以唐律規定，凡奴婢私將子女嫁給良人，以盜賊論罪。（唐律疏義一四戶婚）若誤認良人爲奴婢，罰二年徒刑。（唐律疏義二〇六雜律）至于元代，奴婢冒稱良人，與良人通婚，除令離異外，罰二年徒刑。（元典章一八戶部婚姻軀良婚）妄認良人爲奴，加以無理殘虐，杖八十七。（元史之一〇三刑法志戶婚）奴婢之家生者，固當別論；惟其因被俘及貧窮典賣而爲奴，使與良民，如此顯然區別，殊爲可憐！不過歷來習慣使然，實無挽救之方。

元來奴婢之身分，可由多方觀察之。王世杰著中國奴婢制度一文，約分爲婚姻，仕官，犯罪，訴訟，解放五項，此依中國歷代情形，大概如此。惟元代應試仕宦，甚至良民，有時尚被置諸度外，故予特略之不論，惟於婚姻，犯罪，訴訟，解放，四項，改犯罪一項，爲身體生命，而加上財產一項，也分爲五項論之。

1　身體生命

關於奴婢之身體生命，在法律上，受如何保護？他們本身犯法，又如何處罰，茲先就關於性命之處罰者言之，元史刑法志，規定如下：

「諸奴殺傷本主者處死（大惡）」

「諸奴故殺其主者淩遲處死（仝上）」

「諸奴毆死主婿者處死（仝上）」

「諸異主奴婢相犯者同常人，同主相犯至重刑者仍依例結案（殺傷）」

「諸奴收主妻者以姦論，強收主女者處死（戶婚）」

「諸強姦主妻者處死（姦非）」

「諸奴姦主女者處死（仝上）」

這並沒有是非可言，唐律疏義宋刑統及歷代法律，類皆有同樣之規定。惟元代死刑，分處死及淩遲處死二種，比唐宋之斬絞，似稍加重，惟並沒有多大分別，次關於免死處罰。規定如下。

一『諸奴受本主命，執殺人者，減死流遠（殺傷）』

二『諸奴盜主財，應流遠而主求免者聽（盜賊）』

三『諸奴詬詈其主不遜者，杖一百七，居役二年，役滿日，歸其主（大惡）』

四『諸奴與諸妻姦者，各杖九十七（姦非）』

五『諸奴相姦者，笞四十七（同上）』

六『諸奴受主命，冒充官職者，杖九十七，其主及同僚相容隱者八十七（詐僞）』

七『諸奴婢盜人牛馬，既斷罪，其贓無可徵者，以其人給物主，其主願贖者聽（盜賊）』

就中第一項因受迷惑之話，而行殺人，實無可奈何。第五項。比良人『和姦者杖七十七。』雖減輕三等，惟此乃是蔑視奴婢人格，如下等生物之結果。（唐律疏義二六謂良人有夫姦，徒刑二年，元代僅輕處以杖八十七，可見風紀凌亂之一斑）再比前說姦主女者處死，殊大差異，這也因是爲主女與婢之身分，顯然不同，此即下犯上，該當重刑之意。又最末一項，簡直看奴婢，如貨財一樣。

反之，良人侵害他家奴婢，是如何處罰呢？先以毆死論之。

「諸良人以鬬毆殺人，奴杖一百七，徵燒埋銀五十兩（殺傷）」

「諸良人戲殺他人奴者，杖七十七，徵燒埋銀五十兩（同上）」

比較良人，互相鬬殺戲殺等之處死，流遠，及徵銀，（葬費）殊減輕許多。次就傷害論之。

「諸蒙古人所傷他人奴，知罪願休和者聽。（鬥毆）」

甚謂蒙古人，傷害他人奴婢，謝罪即行了事，故常人殺奴，自然只罰以杖刑了。惟元史刑法志及元典章，這種規定，却未之見。今更進而論本主與奴婢之關係。

「諸謀殺已放良奴婢者，與故殺常人同（殺傷）」

「諸故殺無罪奴婢，杖八十七，因醉殺之者，減一等（同上）」

「諸奴毆詈其主，主毆傷奴致死者，免罪（同上）」

以上第一項，處罰固其適當，惟第二三兩項，奴婢生命，在法律上，似不受到保護。據唐律說：

『諸奴婢有罪，其主不請官司而殺者，杖一百，（疏義二二鬪傷律）』（宋刑統二二鬪訟，也有同樣規定）

此隱然表示有罪奴婢，告官司而後殺之，即爲無罪之意。元典章，（四二刑四殺奴婢）也依樣畫葫蘆，有相同之規定。惟刑法志不見此條，想係省略之。即奴婢怒罵或毆打本主，本主據此理由，（亦可以爲口實）殺傷之，可告無罪，假令故殺無罪奴婢，亦僅受杖八十七（可許贖罪）之輕罰，就算完事。可見奴婢生殺予奪之權，全在本主手上。再如前說，本主對私奴，有施以刺面，鉄枷，釘頭，劓鼻等私刑者，據此，則奴婢之受虐待，有甚於牛馬了，視日本養老律會規定：官奴平時十日中，給假一日，父母喪給假三十日，輕課姙婦服役，及產後給假十五日，（律逸三戶婚律）眞有天淵之別。這一面，也許是由於奴婢之多少，但另一面，也許是由於

同情心之厚薄。即中國與日本國民性之不同吧！（譯者按：中國民性是寬大，日本民性是窄隘，此乃作者偏見）

至於良人或本主姦淫奴隸妻女或使女，如何處分呢？唐律說：

『若婢有子，及經放爲良者，聽爲妾。（疏義一三戶婚）』

『即姦官私奴婢者，杖九十。（註奴婢婚亦同）姦他人部曲妻，雜戶官婦女者，杖一百，強者各加一等。（疏義二六雜律）』

以婢爲妾，雖可通融；但陞之爲妻，則絕對禁止。又犯他人之妻，不見紀載，，惟其較諸部曲妻，更低一等，故或與婢，同爲杖九十的。元律說：

『諸姦奴妻者不坐（刑法志姦非）』

除此以外，皆不見何種規定。畢竟奴妻或婢之貞操。無論怎樣被蹂躪，法律似不與以保護，尤其是本主姦污奴妻，公然爲律允許。對於婢女，則不必言及，似以此爲本主特權，實在令人髮指。

其次，如前述公私奴婢，逃亡甚多，惟誘藏及役使之者，也不在少數。元史刑法志，對於奴婢逃亡，又有嚴密之法規：

「諸奴婢背主而逃，杖七十七，引誘窩藏者，六十七，鄰人社長坊里正知不首捕者，笞三十七，關譏應捕人，受贓脫放者，以枉法論，寺觀軍營勢家影蔽及投下冒收爲戶者，依藏匿論，自首者免罪。（捕亡）諸告獲逃奴者，於所將財物內三分取一，付告獲人充賞。（同上）」

「諸逃奴拒捕，不曾致傷人命者，杖一百七。（同上）」

唐律疏義二八規定：官戶奴婢，逃亡一日，杖六十，三日，加一等。（私奴亦同）又有關於其他方面之紀載，惟不如元代之複雜，蓋蒙古人，役使奴婢，頗爲酷烈，逃亡者，層出無窮，所以不得不設這樣嚴刑的罷。元史刑法志說：

「諸獲逃奴，輒刺面劓，鼻，非理殘苦者，禁之。（雜犯）」

元典章（五七）刑一九）也紀載本主對於私奴，施以鐵枷釘頭之私刑，據此，

則當時待遇奴婢之毒辣，不言可喻，

要之，元代奴婢，犯罪責任，在同輩間，與良人相等，或者不及。惟對於良人及本主之長輩間，常罰以嚴刑，直至斷送性命者，也爲不少，惟奴婢身體，全屬官廳或本主所有，簡直是爲官廳或本主之利益而存在，故如流徙之自由刑，大都被免除，贖銀之財產刑，在原則上，也是廢免，而代以短期內就完好的肉刑。

2 婚姻

中國古來，良奴界限，極爲嚴密，就是結婚，也有詳細規定，唐律說：

「諸與奴娶良人爲妻者，徒一年半，女家減一等，離之，其奴自娶者，亦如之，主知情者，杖一百，因而上籍爲婢者，流三千里，即妄以奴婢爲良人，而與良人爲夫妻者，徒二年，（奴婢自妄者亦同）各還正之，即奴婢私嫁女與良人爲妻妾者，準盜論，知情娶者，與同罪。各還正之。（疏義一四戶婚）」

「若養部曲及奴爲子孫者，杖一百，各還正之。（同上一戶婚）宋刑統（一四戶婚）全與此相同，惟明律（集解六婚姻）較爲寬大。「凡家長與奴娶良人女爲妻者，杖八十……其奴自娶者亦如之。……若妄以奴婢爲良人，而與良人爲夫妻者，杖九十，各離異改正。」

蓋明律所受元律影響，恐怕程度很深。元代在原則上，雖禁止良奴結婚，惟元史刑法志，皆不見此規定。元典章（一八戶婚姻驅良婚）有「奴婢不嫁良人」（至元六年」）「驅口不娶良人」（至元十三年」）「良人不得嫁娶驅口」（至元二十五年）之紀載。觀其內容，可證至元六年以來，皆有禁止良奴結良之旨。輟耕錄也說「男女只可互相嫁婚，例不許聘娶良家」。

刑法志無此紀載，想係一時疎漏。也許是元中葉之法律，省去此條，而輟耕錄，是記載習慣法吧。據前唐宋法律規定，良奴結婚，在任何情形之下，皆使之離異，且將關係者，一同處罪，惟元代則與此頗異，倘經呈報請願，可准通婚，而於良奴間子孫之籍貫，也有種種規定。據元史刑法志說：

『諸良家女願與人奴爲婚者，即爲婢奴。（戶婚）』

『娶良家女爲妻，以爲奴婢賣之者，即改正爲良，賣主買主同罪，價沒官。（同上）』

『諸奴有女，已許娶爲良人妻，即爲良人。（姦非）』

『諸良民竊奴婢生子，子隨母還主，奴竊良民生子，子隨母爲良，仍異籍當差。（同上）』

『諸逃奴有女嫁爲良人妻，已有男女，而本主覺察者。追其聘財，歸本主，婦人不離。（戶婚）』

其中第一項，良女的志願結婚，據前引元典章（一八）至元六年的『婢奴不嫁良人』文中說：

『自至元六年正月初一日已後，諸奴婢不得嫁娶，招召良人，如委有自願者，各立婚書，許聽爲婚。』

此並沒有明說「自願者，」之爲男或爲女，所以此時，無論男女，凡是良人，進而呈請願與奴婢結婚者，立定婚書（在元典章十八卷之首）即許其結合。前文（刑法志）第三四五三條，奴良實際上，成立婚姻者，不使之離異，而對於生下子女，規定如下：

良男—婢＞子（良）
良男—奴女＞子（良）
奴—志願良女＞子（奴婢）
良男—竊婢＞子（奴婢還主）
奴—竊良女＞子（良，異籍當差）

前三項，是同父身分，後兩項竊婚者，是同母身分，即良男與婢或奴女通婚，儘可不將妻子女貶入奴籍，而良女則不然，畢竟良民，大有結婚之自由，或不道德行爲之自由，較諸唐宋之法，相去甚遠，然則明律刑罰之輕，恐不無元代緩律之影響？

3　訴訟

據唐律，奴婢控訴本主罪惡，認爲干名犯義，大抵處以絞刑。惟本主謀反叛逆，則不在此例。（唐律疏義二四鬭訟）至於元律，規定如下：

『諸子證其父，奴訐其主，及妻妾弟姪不相容隱，凡干名犯義，爲風化之玷者，並禁止之。（元史刑法志訴訟）』

『諸奴婢告其主者處死，本主求免者聽減一等。（同上）』

『諸以奴告主私事：主同自首，奴杖七十七。（同上）』

『諸教令人告緦麻以上親，及奴婢告主者，各減告者罪一等。（同上）』

右列四條，第四條之告主，輕於第二條之告主，想係本主職分，有所差別之故。第三條，告主私事，杖七十七，即算完事，比較唐宋，可謂減輕。然元史（一三〇不忽木傳）說：

『成宗……有奴告主者，主被誅，詔即以其主所居官與之。不忽木言，若此必大壞天下之風俗，使人情愈薄，無復上下之分矣。帝悟爲追廢。』

奴婢於訴本主犯罪，本主被誅後，即襲其官，此爲蒙古簡易直截古俗，而施之於立法。不忽欲改之，以明主奴之分，當然是取法自漢，世祖成宗之世，將官制刑法等，加以改良，也取法自漢，然如緒論中所說，蒙古人爲自信力極強之民族，必不全廢舊俗，採取漢風。故元代法律，頗保存蒙古各種特色，而對於奴婢行使訴訟權，比唐宋二代，稍加幾分自由，大約爲此。

4　財產

元代亦如其他時代一樣，對於奴婢，不確認其有財產權，且不獨此也，當社會秩序紊亂之際，奴婢方面，似尤感不安。原來家生或鬻賣之奴婢，除日用衣服雜物外，大約是沒有什麼財產。惟元代奴婢，具有相當田宅家財牛馬者，實繁有徒。因此勢家或暴徒，似常加以侵略殺害，得以佔奪財產。輟耕錄（一七）說：

『奴或致富，主利其財，則俟少有過犯，而錮之，席卷而去，名曰抄估。』

元史刑法志也說：

『諸圖財殺死他人奴婢者，同圖財殺人論。（盜賊）』

在身體生命，受不到法律切實保護之奴婢，雖有這種法規，是否能生效用？仍屬疑問？故一切財產，大都是暫時之間，與以種種名義，結局必爲主人或他人沒收；且爲着財產，反而發生生命危險，乃是意中事。

由此看來，元代奴婢生命財產，常在風雨飄搖之狀態。訴訟雖稍得自由，但訴權之行使，大概卑弱者，終歸失敗。至於婚姻法之寬大，也不外公許良男之跋扈罷了。

5 解放

唐代官奴，解放爲良，必須經過三段階級。據唐六典（六刑部都官郎中）說：「凡反逆相坐，沒其家爲官奴婢，一免爲番戶，再免爲雜戶，三免爲良人，皆因赦宥所及，則免之。」

降及宋代，仍用唐制，惟元代無番戶雜戶之分，無論官奴私奴，一經解放，即爲良民。歷代以來，奴婢皆無獨立戶籍，只登記於官司或勢家戶籍之末，而手續各有不同。元代戶籍，似頗紊亂，元史說：

『（至元九年正月辛巳）數軍奴入戶籍者還正之（世祖本紀）』

『（至元）三年還朝，諸勢家言：有戶數千，當役屬爲私奴者，議久不決，文謙謂以乙未歲，（太宗七年）戶帳爲斷，奴之未占籍者，歸之勢家可也。其餘良民，無爲奴之理，議遂定，守以爲法。（一五七張文謙傳）』

就中後者之籍外私奴，或者較軍民混籍爲多，惟無論如何，此是至元初年，滅宋以前之事，所以戶籍之紊亂，是難免的事。不過滅宋以後，恐亦無大差異。奴婢入籍脫籍手續，姑且不論，惟事實上，他們處於什麼狀態，始得解放爲良呢？左列九項，即爲主要原因。

一　由於朝廷命令。

二　由於官吏將軍等個人的意思。

三　自官廳贖身。

四　官奴以高齡廢疾得免。

五　奴婢自己贖身。

六　本主自行解放之。

七　因朝廷或主家滅亡及本主受刑。

八　由於僧道還俗，及兄弟析居，

九　逃亡之成功。

其中第一，由於朝廷命令者，列如元史太宗紀十二年，（十二月）世祖紀至元十七年（正月戊辰）十九年（四月庚戌）二十二年（十一月己丑）二十七年，（三月甲子）成宗紀大德五年，（七月庚子）英宗紀延祐七年，（十二月丙子）至治元年，（十月癸丑）文宗紀天曆元年，（十一月巳未）等是。想當時官奴，浴此恩典者，必定不少。

第二，由於將吏意思者，例如元史（一二五）高智耀（一二六）廉希憲（一四六）耶律楚材（一四七）史天祥（一五三）劉敏（一五七）張文謙（一五九）宋子貞（一六三）張德耀（一七〇）袁裕（同上）雷膺（同上）呂思誠王利用（一八三）等傳所紀載。

第三，自官廳贖身者，例如元史世祖紀至元二年（十月癸未）十年（四月丁酉），十四年（二月丙寅）十八年（六月丙寅）二十七年，三月己未）仁宗紀延祐四年，（七月辛卯）英宗紀至治二年（十一月已亥）及同書（一六七）張惠傳皆有此項紀載。

第四，高齡廢疾之官奴，得免爲良。依漢代制度，奴婢五十歲以上，免爲庶人（漢書哀帝紀即位詔）唐代六十以上及廢疾官奴，免爲番戶，七十以上爲良人。（唐六典刑部都官郎中）關於元代之事，中國書籍，雖無紀載，惟前引 yule cordier 之 cathay II P.4?8. Ibn Ratuta 記錄杭州工匠奴隸如下：

「At the age of fifty they are excused all further work, and are maintained at the cost of the state……He who has reached the age of sixty is regarded by the chinese as child, and is no longer subject to the penalties of the law.」

據此，可知五十歲以上之官奴，即解役，由公養之，至六十歲以上，則全免除法律制裁，而爲良民。 yule 之 Marcopolo. I,P.39 也有類似紀錄，大概事實，也是如此，俟諸異日，再加研究。

第五，奴婢自己贖身。元史（一五一）王忱傳，即有此紀載，輟耕錄（一七奴婢）也說如下：

「亦有自納其財，以求脫免奴籍，則主署執憑付之，名曰「改良」。」

這種自贖，及前之官贖，是以代價而後得解放爲良，實際上，爲一種賣買性質，當時似非常流行。惟事屬細微。故史書紀載特少。

第六，本主解放。此種事實，理應不少，惟史書所載，僅有以下二條。

「放家僮五百人爲民，咸懷其恩。（元史一五一王善傳）」

「玉出家奴二百餘口爲良民，中統元年卒。（元史編類二七循吏傳王玉傳）」

這是不得代價，與贈與的形式相似，同爲慈善行爲，惟推其動機，大約有宗教的虛榮及其他原因存在。

第七，朝廷或主家滅亡，及本主受刑。但奴婢於此時，不一定就得解放，有時也由滅之之朝廷，及主家之親戚等來承繼。不過乘此混亂時期，他們解放，自然較易於實行了。至於本主受刑，雖有種種原因，但下面之例，也是其一。

「勒奴婢爲娼者，笞四十七。婦人放從良。」

第八，僧道還俗，兄弟析居，奴婢得放爲良。例如元史（一〇刑法志戶婚）說：「諸僧道還俗，兄弟析居，奴放爲良。」

這種機會，必定也不少。

第九，逃亡之成功。例如前述官奴私奴，或者不堪虐待而逃亡；或者欲免本主犯罪之連坐而逃亡；或者由軍旅中逃亡。他們在逃亡當中，若幸達到目的，無論在什麽地方，可爲自由民，若不幸被捕回，勢必受非理虐待，眞正異常冒險之事。

由此觀之，奴婢之解放，有種種方法和情形，而能實行之者，亦頗不少；惟實際上，在此千萬內外之數目中，由上述方法而得解放者，雖云不少，然似不足以牽動大勢。解放美舉，傳之足以勸善教化，故載諸史書，數次殊少；反而新生或家生之奴婢，日益增多。所以終元之世，公私奴婢，想必難以減少。

第十節　結論

據以上所說，中國歷代，使用奴婢，以元代爲最盛。推其原因，蓋由於蒙古人，輸入其固有蠻風，及色目人，隨地跋扈跳梁，虐待漢族，使社會秩序大亂，法制威權，幾掃地無餘。故前說拘略鬻賣等之禁令，及奴主對奴犯罪之處置等法規，果能生多少効力，甚屬疑問？元史刑法志序已謂：

「然其弊也，南北異制，事類繁瑣，挾情之吏，舞弄文法，出入比附，用譎行私，而凶頑不法之徒，又數以赦宥獲免，至西僧歲作佛事，或恣意縱囚，以售其奸宄，俾善良者，喑啞而飲恨，識者病之，然則元之刑法，其得在仁厚，其失在乎緩弛，而不知檢也。』

柯劭忞氏新元史刑法志序，更進一步地說，實爲至理名言。

『元之刑法，論者謂得之仁厚，失之縱弛，是不然。……是謂任意而不任法、非縱弛之過也。』

清朝入關未久，討伐明室遺族，厲行薙髮令，虐殺漢民；康雍乾三朝，又屢興文字之獄，極端壓迫漢族。惟元自滅宋後，對於漢人南人，不採取此種神經過敏之措置。推其故，蓋由于蒙古人，征服歐亞各地，聲威大振。漢族勢力，毫不在其眼中，所以不如滿人之畏懼漢人，常以旁若無人之態度，強行「蒙古主義」，即以風俗言語而論，不必發生什麼辮髮戰爭，他們以爲漢人，懾服其威，自然望風承旨，果然，劣弱的漢族，竟群起而學胡風，著胡服，附胡名，甚至傚蒙人娶父妾兄嫂之無禮舉動，同時食人肉，掘墳墓之殺伐惡習，也忽比前代增多，故討滅元朝之明太祖，亟亟以掃除斯弊，復興漢代衣冠，爲建國第一要義。大明律設有嚴重法規，期以芟除虐待奴隸，及一切積弊。惟不能達到完滿目的。明末清初碩儒顧炎武於其所著日知錄（一二）奴僕一條，對於有明一代，使用奴隸之多，曾概乎言之：

「太祖數涼國公藍玉之罪，亦曰家奴至千數百，今日江南士大夫，多有此風，一登仕籍，此輩競來門下，謂之投靠，多者至千人，而其用事之人，則主人之起居食息，以至出處語默，無一不受其節制。有甘於毀名喪節，而不顧者。奴者主之，主者奴之，嗟乎，此六逆之所由來矣。」

「人奴之多，吳中爲甚；其專恣暴橫，亦爲吳中爲甚。有王者起，當悉免爲良，而徙之實遠方空虛之地。」

也許是元陋習，猶有留存的吧？顧氏對於滿人搜括漢奴，雖未提及，但在清初，有亞於蒙古人暴橫之滿人奴患，復使漢族、再罹異族跳梁之苦。固然，元代之貿易交通以及文化，皆厚帶世界彩色，打破中國式之範疇，而加入新鮮風氣。惟於奴隸一項，無論從何方面觀察，也無爲之辯護餘地。（完）

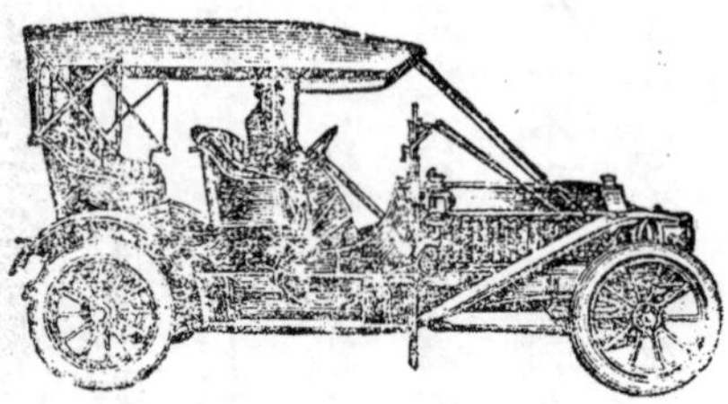